AF333474

Dylan Cole

EL ARTE DE
AVATAR
EL CAMINO DEL AGUA
Escrito por TARA BENNETT • Prólogo de ROBERT RODRIGUEZ

DK

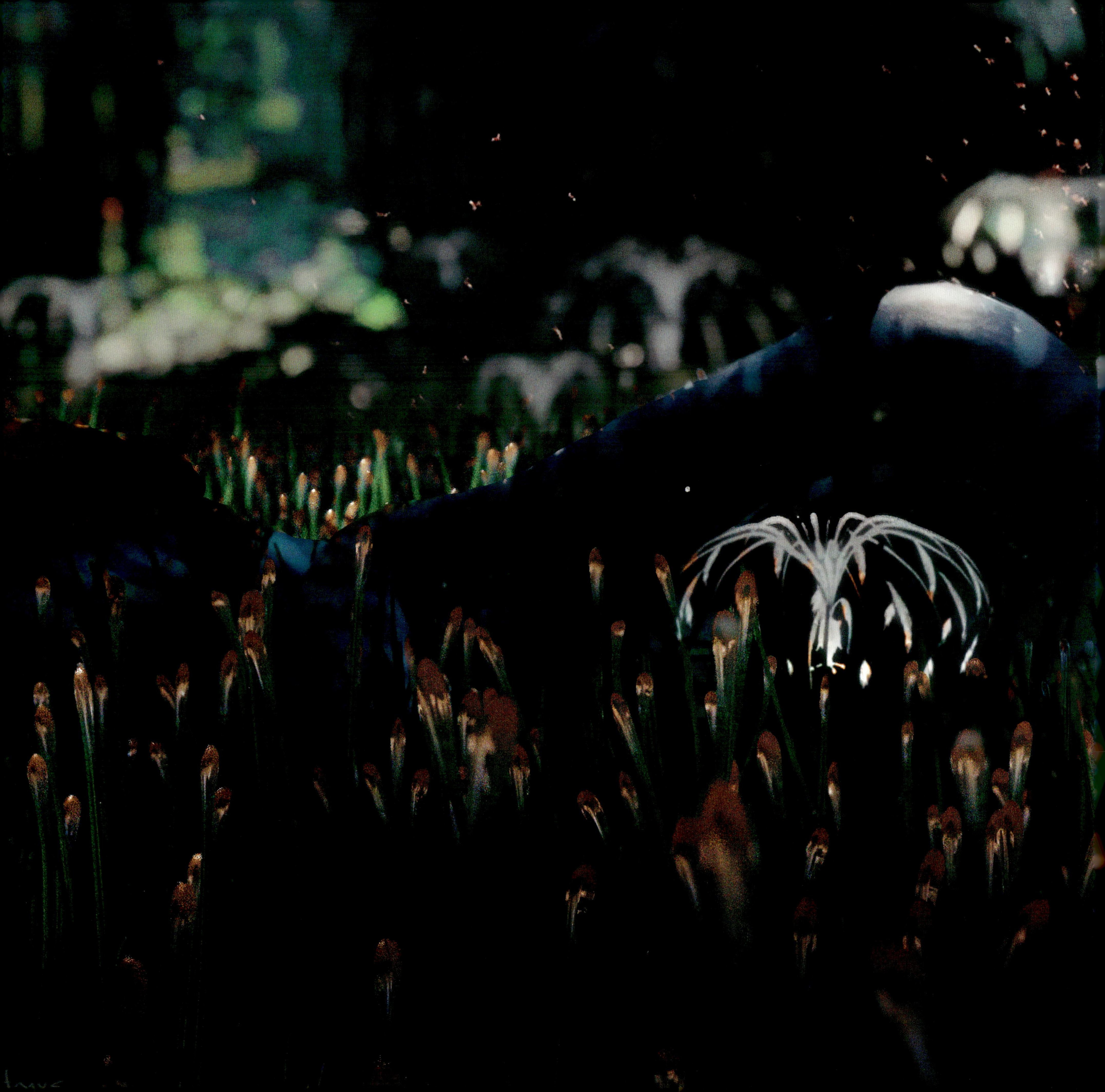

| PRÓLOGO

Era abril de 2007 y estaba visitando a mi amigo Jim Cameron en el estudio en el que grababa su primera *Avatar*. Jim estaba grabando con Zoe Saldaña y Sam Worthington secuencias de captura de movimiento de la escena de los banshee en la montaña.

Fue emocionante ver de nuevo a Jim creando cine de primera categoría. Durante una pausa me enseñó una pared llena de ilustraciones conceptuales de *Avatar*.

Le pregunté qué nivel de detalle creía que se podría lograr para cuando se estrenase la película, para lo que aún faltaban dos años y medio.

Me señaló parte de las ilustraciones de la pared y el detalle era asombroso. Era fotorrealista, como algo salido de *National Geographic*, pero era una imagen conceptual estática en la que los ilustradores se habían dejado cuerpo y alma.

El truco era hacer que toda la película se viera así. Jim respondió: «Bueno, será interesante ver cuánto podemos acercarnos a esto».

Eso me dejó boquiabierto: estaban avanzando con la creación de esas imágenes, capaces de cambiar el cine, mientras, al mismo tiempo, construían la tecnología. Pero Jim siempre ha sido un apostador, y este era su mundo.

Cuando empecé a trabajar con él en *Alita: Ángel de combate*, estaba inmerso en el mismo proceso creativo para *El camino del agua*. Su equipo de artistas había aprovechado toda la experiencia aprendida, toda idea, toda inspiración que se pudiera incluir y las había volcado en aquellas ilustraciones para crear un mundo que rivalizaba –si no sobrepasaba– lo ya visto en 2007.

Ahora, tras haber visto *El camino del agua*, me resulta personalmente gratificante ver en la gran pantalla cómo imágenes conceptuales tan detalladas pueden convertirse en un mundo fotorrealista y en movimiento para la película entera.

Yo no estaba seguro de que fuera posible.

Durante todos estos años, Jim ha estado impulsando la tecnología, y por fin los efectos visuales se han puesto a la altura de su visión y la de su impresionante equipo de artistas, diseñadores, creadores y artesanos.

Gracias a *Alita* tuve el placer de trabajar con muchos de los mismos artistas con los que Jim ha desarrollado *Avatar: El camino del agua*, y se trata de figuras de talla mundial. Son los mejores entre los mejores, y sus ilustraciones son las que hacen que todos los departamentos de una película tan gigantesca sigan una línea y un objetivo común.

Lo que el lector verá en las próximas páginas es el mapa visual que inspira e impulsa el gran sueño en el que se convierte la película.

Robert Rodriguez, cineasta

 ARRIBA: Neytiri, embarazada, pesca con arco | Steven Messing

INTRODUCCIÓN

En 2009, desde la penumbra de las salas de cine de todo el mundo, en la película de ciencia ficción *Avatar*, James Cameron llevó al público a 2154 y le enseñó el hermoso mundo bioluminiscente de Pandora. La respuesta fue inmediata y exuberante. La película se convirtió con rapidez en un fenómeno y sentó las bases para expandir la visión de Cameron.

Rodada con revolucionarios efectos visuales en 3D, *Avatar* fue el resultado de 15 años de desarrollo, construcción de mundos e innovadora tecnología cinematográfica impulsada por Cameron y Jon Landau, su productor de toda la vida. Para su séptimo filme como director, Cameron y Landau se rodearon de un fenomenal equipo de artistas, artesanos y técnicos que ayudaron a dar vida a Pandora. Resumen de toda una vida de ideas e inspiraciones de Cameron, el escenario y la historia de la película cobraron vida a través de la óptica de sus experiencias vitales y de 30 años como cineasta. Acabada su exhibición en salas, *Avatar* había ganado 2700 millones de dólares en todo el mundo, destrozando el récord anterior. En 2010, con el público exigiendo más historias de los personajes y el mundo de *Avatar*, Cameron y Fox anunciaron su intención de realizar secuelas.

Lo primero que debía hacer Cameron era consultar su archivo de ideas y escoger una que impulsara la primera secuela. En segundo lugar, debía decidir si las siguientes historias tendrían lugar solamente en Pandora, la luna que ya conocemos de Polifemo, un ficticio gigante gaseoso en el sistema estelar Alfa Centauri. Y, de no ser así, ¿deberían las próximas películas recorrer diferentes planetas?

Ya en las fases iniciales del proceso creativo, Cameron y su equipo se enfrentaron a este dilema. «Siempre hemos visto *Avatar* como una metáfora del mundo en que vivimos –dice Landau en referencia a la Tierra–. Nos dábamos cuenta de que podemos recorrer nuestro planeta y no ver todas las maravillas que contiene. Esta idea llevó a Jim a la conclusión de que en las secuelas era mejor no adentrarse en otros planetas alienígenas, sino más bien explorar la diversidad de lugares y culturas que Pandora podía ofrecer. En el centro de todos esos biomas estaba el océano, que refleja una pasión por preservarlo y conservarlo que Jim y yo compartimos».

Este compromiso de permanecer en Pandora significaba que las secuelas podrían revelar topografía nunca antes vista de la luna. Al comenzar la preproducción, incluso sin un guion listo, eso significaba ya una gigantesca tarea de diseño. ¿Podrían los cineastas crear nuevos paisajes acuáticos que rivalizaran con la majestuosidad de los exóticos bosques tropicales de Pandora que vimos en el primer filme? Landau dice: «En especial por abarcar cuatro películas, los desafíos planteados por el diseño y por la cantidad de elementos que debíamos generar constituyeron una tarea inmensa». Así pues, había que empezar a trabajar de inmediato.

Si bien los guiones de las secuelas se encontraban en desarrollo, el público ignoraba, en su mayor parte, las intenciones de Cameron para futuras aventuras. No obstante, dado que el director trabajaba en un continuo desarrollo de los guiones de las secuelas, en todo ese tiempo ni él ni su enorme equipo de colaboradores creativos se alejó de Pandora. En Lightstorm Entertainment, la productora de Cameron en Manhattan Beach (California); en Legacy Effects, en San Fernando (California), y en Wētā Workshop, en Wellington (Nueva Zelanda), artistas, ilustradores y artesanos se encargaban meticulosamente de imaginar, esbozar y acabar definiendo los nuevos personajes, clanes, topografía, ecosistemas, armas y tecnología que el público conocería en las próximas cuatro secuelas.

IZQUIERDA: **Idea para la familia Sully en el bosque** | Joseph C. Pepe
ARRIBA: **Esbozo de la aldea del arrecife** | James Cameron

CREAR UN EQUIPO

Equipado con el conocimiento adquirido realizando *Avatar*, Cameron inició formalmente la preproducción de las secuelas y contrató a un equipo creativo compuesto por jefes de departamento dedicado a hacer realidad su visión para las futuras historias de *Avatar*. Decidió que, como en la primera película, para gestionar y cubrir la enorme cantidad de visuales de las secuelas se necesitarían dos diseñadores de producción. Un diseñador se encargaría del desarrollo de todo lo natural de Pandora: el entorno, la cultura y las criaturas. El segundo diseñador haría lo mismo con el mundo humano, representado por la tecnología, las armas y las máquinas creadas por la Administración de Desarrollo de Recursos (RDA).

Los diseñadores de producción de *Avatar* habían sido Rick Carter y Rob Stromberg, pero desde entonces sus carreras los habían llevado en otras direcciones. No obstante, había una serie de artistas de gran talento con los que Cameron y Landau habían trabajado en la primera entrega, y que habían sido claves para crear el aspecto general de Pandora, por lo que conocían perfectamente el mundo. Los dos nombres que sobresalían eran Dylan Cole y Ben Procter.

Ambos eran veteranos de los equipos de diseño de producción de la primera *Avatar* y, más importante, su inspirado trabajo había impresionado a Cameron. Cuando comenzó como diseñador de producción de las partes orgánicas del filme, Cole, diseñador conceptual, artista digital de *matte painting* y autor, acababa de terminar el diseño de producción de *Maléfica* (2014). Procter, artista conceptual y director artístico, que acababa de terminar el diseño de producción de *El juego de Ender* (2013), fue el encargado del aspecto tecnológico y mecánico del diseño.

Cameron explica: «En *Avatar*, Ben fue director artístico, y yo había empezado a decidirme por sus diseños como los que mejor se adaptaban a mi estética». El trabajo conceptual de Procter en el Vehículo Interestelar Venture Star (ISV), en especial, le granjeó la admiración del director. «Los diseños de Ben son espectaculares. A decir verdad, lo mejor desde Syd Mead. Me parecía sorprendente, de modo que cuando empezamos a ensamblar el equipo, Ben era indiscutible».

Cameron concluye: «Lo mismo con Dylan, un artista y diseñador superdotado procedente de la primera entrega. Además de ser un gran ilustrador y pintor, posee el tipo de habilidades sociales y administrativas necesarias para gestionar un departamento y obtener lo mejor de los artistas a su mando y que nutren esa visión. Ambos sabían que el desafío no era solamente diseñar cosas, ya que con sus diseños eran capaces de superar a casi cualquiera en sus respectivas áreas. El desafío no era crear imágenes bonitas: el desafío era dirigir, conjuntamente, un equipo».

Además de en *Avatar*, Cole y Procter ya habían trabajado juntos en *Tron: Legacy* (2010), y ya entonces habían desarrollado un sano respeto por el trabajo y conocimiento de cada uno. A inicios de septiembre de 2013, sin siquiera una entrevista previa, fueron contratados formalmente como diseñadores de producción de las secuelas de *Avatar*. Landau dice de su elección: «Era una culminación, era graduarse de lo que habían estado haciendo para, a partir de ahora, hacerse con ese mundo que si bien otros habían creado, les ofrecía sus hijos para que los criaran. Y se hicieron con él».

Cole recuerda que cuando los contrataron, «tanto a Ben como a mí nos encantó saber que estaríamos juntos. Había muchísimo respeto mutuo. Y ambos trabajaríamos en nuestros campos. He diseñado tecnología, pero no soy Ben Procter. En eso, él es el mejor. He hecho muchísimo diseño de mundos naturales y fantásticos y planetas alienígenas; ese es mi fuerte».

Procter asiente y añade: «Desde mi punto de vista, las capacidades compositivas y de iluminación de Dylan son sobrehumanas. Es la persona perfecta para hallar las panorámicas más épicas de Pandora».

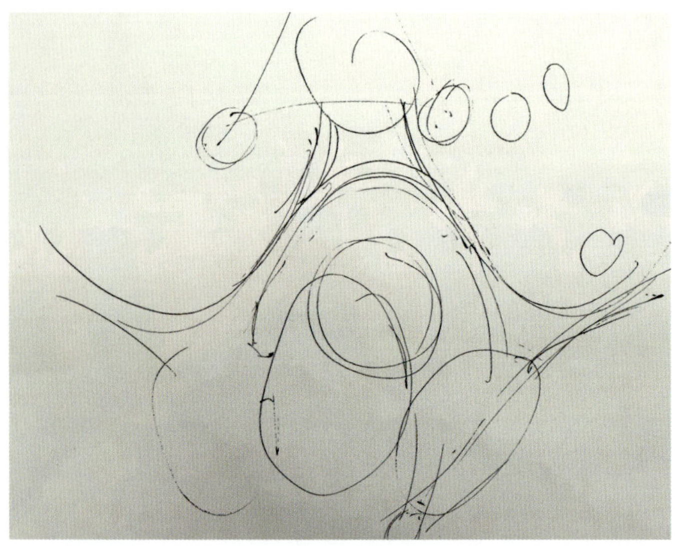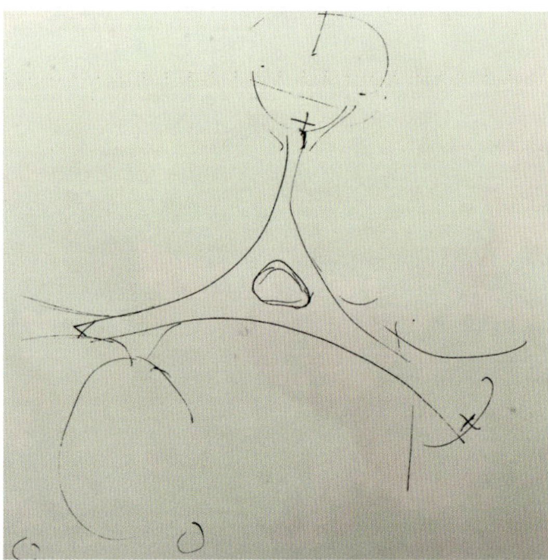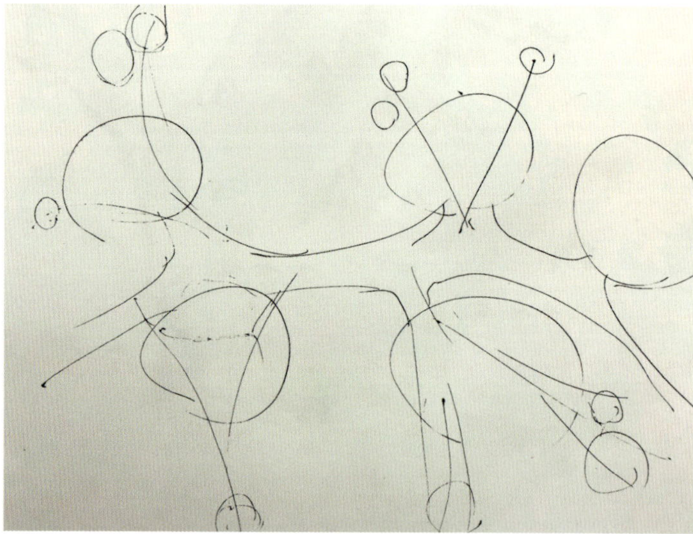

Equipados con sus capacidades únicas y con sus experiencias en *Avatar*, ambos señalan que aquellos primeros días trabajando en las secuelas debían conectar los grandes trazos de Cameron con ideas más definidas. Aunque no había guiones con los que trabajar, Cameron proporcionó a Procter y Cole listas de personajes y escenarios. Los cuatro (Landau incluido) se sentaban en una sala de conferencias en la que Cameron explicaba verbalmente los grandes escenarios y conceptos necesarios de su visión para las entregas posteriores.

Cameron recuerda las direcciones conceptuales iniciales que dio a los diseñadores: «Necesitamos la aldea del arrecife. Necesitamos el arrecife de coral. Necesitamos al gran depredador, que será la akula. Necesitamos la metáfora del delfín, un equivalente social y más benigno. Y tendremos a la más feroz montura de los guerreros, el corcel marino. Yo sabía que quería que fuera, básicamente, un pez volador gigante. Pero eso se puede interpretar de muchas, muchas maneras. Sabía que habría un barco de tipo hidroala, que sería la nave de los "malvados". Así que todas las categorías y elementos ya existían. Lo que no sabíamos era cómo se verían».

Cameron se sincera: «Todo el mundo cree que comienzo con una claridad casi de vidente. Pero no es así en absoluto. Es como tener un test de agudeza visual totalmente borroso, y en el que a medida que continúas haciéndolo, tu visión se va afinando poco a poco. Se trata de afinar estas ideas generales hasta que queden enfocadas. Es un proceso muy repetitivo y muy colaborativo que exige muchísima comunicación verbal. Dibujas. Pintas. Hablas. Miras el resultado».

El proceso enseñó a Cole y a Procter cómo traducir las intenciones de Cameron a un sistema coherente de diseño. Procter explica: «Por decirlo de algún modo, no comenzamos por el principio, sino que en lugar de a los ejemplos, el proceso llevó a las ideas».

Procter destaca que acabó comprendiendo que Cameron trabaja con metáforas visuales que, a su vez, deben incorporarse a las estrategias de ambos equipos de diseño. «En nuestros diseños debía haber un simbolismo que despierte en el público una respuesta emocional –señala Procter–. Ofrece un contexto al modo en que algo pertenece a la historia, porque te recuerda a algo que ya tiene su propia historia. No es suficiente con que algo se vea genial. Tiene que suscitar esas sinapsis neuronales que te recuerden a otra cosa».

LA ESTÉTICA DE *AVATAR*

Cameron, un cineasta popular, enseñó al equipo que su ética en el diseño de una película tiene que ver con obtener un reconocimiento inmediato del público. «Como cineasta, Jim siempre tiene eso presente, incluso cuando está trabajando en tomas individuales, en encuadres o en cuánto los mantiene –afirma Procter–. ¿Cuánto tardan los ojos de una persona en reconocer lo que están viendo, y luego reconocer la emoción que provoca, de manera que se pueda cortar hacia la siguiente toma? Lo que busca es que en ese proceso el diseño cumpla su propio cometido, que las cosas se lean con claridad, tanto en términos de diseño como de cómo lo comprende el ojo».

PÁGINA OPUESTA, HILERA SUPERIOR: Esbozos de la aldea del arrecife | James Cameron

PÁGINA OPUESTA, ABAJO: Diseño conceptual de la aldea del arrecife | David Levy

ARRIBA: Diseño conceptual de corcel marino | Zach Berger

PÁGINA DOBLE SIGUIENTE: Diseño conceptual del arrecife bioluminiscente | Dylan Cole

«El reconocimiento es fundamental; la aceptación es fundamental –insiste Cameron–. Así pues, el exotismo pasa a ser una prioridad secundaria. Ha de ser exótico dentro de lo visualmente aceptable como real. No podemos generar algo que resulte irreal de inmediato, o nos habremos derrotado a nosotros mismos antes de poder comunicar nuestras geniales ideas».

Cameron aclara: «A veces se trata de comunicar un sentimiento. Otras veces se trata de reflejar una paleta cromática o una hora del día. Y a veces es algo casi indefinible. Pero hay que definirlo. Hay que definirlo todo».

«Puede que otros describan *Avatar* como "ciencia ficción" –añade Landau–, pero nosotros retamos a nuestros diseñadores a que creen todo como si se tratase de hechos científicos».

Para los diseños de Pandora, Cameron informó a Cole de que algunos elementos de la primera entrega seguirían en los compases iniciales de la secuela (llamada *A2* por los equipos de diseño), pero solo brevemente. Cole explica: «Ya sabíamos que las montañas flotantes, la selva y la bioluminiscencia funcionaban perfectamente, así que no los tocamos más allá de añadir algunas plantas nuevas para que no fuera totalmente repetitivo». Deseoso de dejar atrás la aldea de los omatikaya a fin de explorar nuevos ecosistemas, Cameron subrayó que en *A2*, el Árbol Madre de *Avatar* cedería su lugar a lo que denominaba la aldea del arrecife.

«Recuerdo verle esbozar la aldea del arrecife y darme cuenta de que sería lo más difícil de acabar», dice Cole. A Cameron le entusiasmaba la manera en que esta comunidad introduciría nuevas ideas conceptuales, como un mayor sentido arquitectónico que lo anteriormente visto entre los na'vi, integrando los enormes manglares de los que la aldea colgaría armónicamente sobre el agua.

En términos de diseño, para la RDA y el lado humano de la ecuación, Cameron propuso a Procter varios grandes retos en distintas partes de las secuelas planificadas así como algunos conceptos técnicos acerca de cómo regresaría la RDA.

Procter recuerda aquellos días sin guion: «Comenzamos diseñando de todo; cosas de todo el arco de secuelas posteriores, porque aún no habían cristalizado en forma de historias específicas. Jim nos daba ideas visuales y exhaustivas listas de objetos de la RDA».

Para crear las máquinas de guerra que Cameron imaginaba, Procter comenzó buscando referencias en el mundo real. «Investigo porque soy un friki de este tipo de cosas –confiesa–. Es muy probable que conozca algunos de los puntos de referencia más importantes. Y creo que esa ha sido una importante herramienta de conexión con Jim, una comprensión común de cuáles son las referencias correctas y más interesantes».

Dado que habían contratado a Cole y Procter para el diseño de producción de las cuatro secuelas de *Avatar*, a menudo sus reuniones adquirían una escala mayor, pues ambos anotaban ideas de Cameron para todos los filmes. «Intentábamos tocar todas las teclas, porque Jim buscaba inspiración para que los guionistas, que se encontraban en pleno proceso creativo, pudieran ver de qué les estaba hablando». Por ello, durante un tiempo se encontraron diseñando sin cortapisas y a una escala gigantesca. A su vez, Cole explica que consiguieron desarrollar algunas de las ideas más vagas, y concretar visualmente muchos de los escenarios de los que el director tenía muchas ideas específicas, lo que ayudó a la construcción general del mundo.

Eso significaba que los equipos estaban creando para *A2* y los siguientes filmes un estudio panorámico, de gran alcance, de Pandora y de la tecnología de la RDA. Así, trabajaron en una multitud de entornos, tecnología y máquinas diferentes hasta que se centraron en las dos primeras secuelas, mientras que las dos siguientes fueron conceptualizadas como otra pareja fílmica.

IZQUIERDA: **Diseño conceptual de la aldea de los metkayina** | Dylan Cole

ARRIBA: **Diseño conceptual del astillero** | John Park

UN ANTIGUO COLABORADOR

Durante este período, Cameron contrató también al experimentado John Rosengrant, uno de sus más antiguos colaboradores, ya en *Terminator* (1984). En *Avatar*, Rosengrant, leyenda de los efectos especiales y cofundador de Legacy Effects, fue supervisor de diseño de personajes y tuvo una tremenda influencia en el aspecto general de los na'vi. Cameron deseaba replicar en las secuelas su relación laboral con Rosengrant en la primera *Avatar*, de modo que pasó al equipo de Legacy Effects una amplia gama de bocetos conceptuales: algunos acabados, otros más sugerentes o en progreso. Además, para continuar con los equipos de diseño propios se añadió a otros artistas conceptuales como Daphne Yap, Joseph Pepe y Steven Messing.

«Legacy Effects colaboró, pero todo pasaba por las manos de Dylan —explica Cameron—. Diría que en las nuevas entregas, el grupo de John estuvo menos implicado en las criaturas y más implicado en los personajes, dos problemas diferentes pero muy relacionados».

Tras ser contratados, durante un período de casi dos años Cole y Procter probaron, investigaron y desarrollaron ideas con sus crecientes equipos de artistas conceptuales, ahora con Fausto de Martini, Jonathan Bach, John Park, David Levy y otros. Todavía todos trabajaban siguiendo las directrices verbales de Cameron, así como sus esbozos y notas sueltas.

Cole recuerda: «En aquellos primeros años no veíamos con frecuencia a Jim. O lo veíamos como en un torbellino y tomábamos notas. Jim había escrito toneladas de notas para ayudarnos a abordar estos problemas. Y a veces, algo le interesaba. Te decía: "Okey, quiero ver esto". Y lo integraba».

Corroborando su estilo desestructurado, Cameron confiesa: «Voy a cada sesión sin preparar nada, porque cuanto más pueda responder de modo concreto a lo que me preguntan y que además les sirva como artistas, mejor. Y cuantos más bocetos puedan subir a la pizarra, mejor». A partir de ese intercambio verbal inicial, las ideas fueron poco a poco concretándose. «Cada cierto tiempo, alguien creaba algo tan genial que podías decir: "¡No cambies nada! Esto entra tal como está aquí". O alguien hacía algo realmente bueno, pero con algo que no funcionaba, y decías: "Me gusta este elemento"».

Cameron y Landau contrataron para la sala de guionistas a Josh Friedman, Rick Jaffa, Amanda Silver y Shane Salerno. «Creo que el primer día les entregué a cada uno un millar de páginas de notas y un puñado de fragmentos de pequeñas historias —recuerda Cameron—. En términos generales, se trataba de hacia dónde iba todo, y cuáles eran los personajes y escenarios. Era como una maqueta gigantesca para un guionista».

Cole y Procter ayudaron a los guionistas proporcionándoles una amplia gama de sus ilustraciones conceptuales, con visualizaciones concretas que complementaban las exhaustivas notas de Cameron. Cole recuerda: «Una de las cosas más geniales fue ver cómo los guiones comenzaban a llegar con nuestras imágenes convertidas en parte de los textos. Pude ver de cerca que los habíamos orientado». A su vez, esas reuniones con los guionistas comenzaron a proporcionar más claridad con respecto a las narrativas, personajes y escenarios que interconectarían las secuelas. Procter añade sobre esta cooperación: «Ellos fueron los primeros "extraños" en ver nuestro trabajo secreto». Los guionistas, que trabajaron juntos en las cuatro entregas posteriores, ayudaron a los equipos de diseño planificando futuras necesidades visuales y requerimientos de objetos reales para la visión de Cameron.

LA ÚLTIMA PIEZA DEL ROMPECABEZAS DE DISEÑO

En 2017, cuando la encargada de vestuario Deborah L. Scott regresó a la familia de *Avatar*, se unió a la preproducción el tercer miembro del triunvirato de diseño general. Ganadora de un Oscar por su vestuario en *Titanic* (1997), Cameron y Landau incorporaron a última hora a Scott para liderar el equipo de vestuario de *Avatar*. Scott trabajó durante siete semanas de la producción de la película original, y hasta que los efectos visuales quedaron finalizados, ayudó con varios requerimientos de diseño en posproducción.

Durante su trabajo en *Avatar*, Scott comprobó el deseo de Cameron de emplear tantas prendas reales como fuese posible. Acerca de los tópicos sobre diseño de vestuario para películas con efectos gráficos informáticos, Scott explica: «Un síntoma de este tipo de películas es que la gente cree erróneamente que todo se hace en un ordenador. A lo largo del proceso de la primera película, Jim se convirtió en un ferviente partidario de crear vestuario real, porque hay una gran cantidad de cosas que los artistas digitales no pueden hacer».

Para las secuelas, Cameron y Landau decidieron que a diferencia de Cole y Procter, Scott trabajaría sola como diseñadora del vestuario, tanto de los personajes humanos como de los na'vi. La suya sería la voz que, en solitario, trabajaría junto al equipo de producción y a los extraordinarios talentos de Wētā Workshop para crear las representaciones físicas de lo que Wētā FX llevaría al mundo digital. Con respecto al vestuario de los na'vi, Landau señaló: «Si queríamos que Wētā FX crease un vestuario digital fotorrealista, con un movimiento natural, teníamos que ofrecerles algo táctil con lo que comparar».

Pese a poseer cuatro décadas de experiencia en diseño de vestuario, incluyendo los de *Regreso al futuro* (1985), *Leyendas de pasión* (1994) y *Minority Report* (2002), las secuelas de *Avatar* serían la primera ocasión en que Scott tuviera que integrar sus diseños físicos en la corriente de producción virtual utilizada.

«No sabía nada del mundo digital; nada, cero, *niente* –admite–. Fue un duro proceso de aprendizaje. No podía detenerlo todo, de manera que aprendía mientras trabajaba, lo que es maravilloso. Y debía hacerlo todo al mismo tiempo, lo que resulta realmente complicado. Pero tuve mucho apoyo de John Landau, de la producción y de mi equipo, y para mi departamento acabó siendo un tipo diferente de aventura».

Durante los primeros días como parte de la preproducción de *A2*, Scott se reunió con Cole, Procter, Cameron y Landau para ponerse al día con los diseños e historia existentes y para escuchar las intenciones de Cameron con respecto a cómo diferenciar esta entrega de la original. Scott explica: «Haremos un homenaje a la primera, pero iremos más allá, y habrá muchos más elementos visuales para el público».

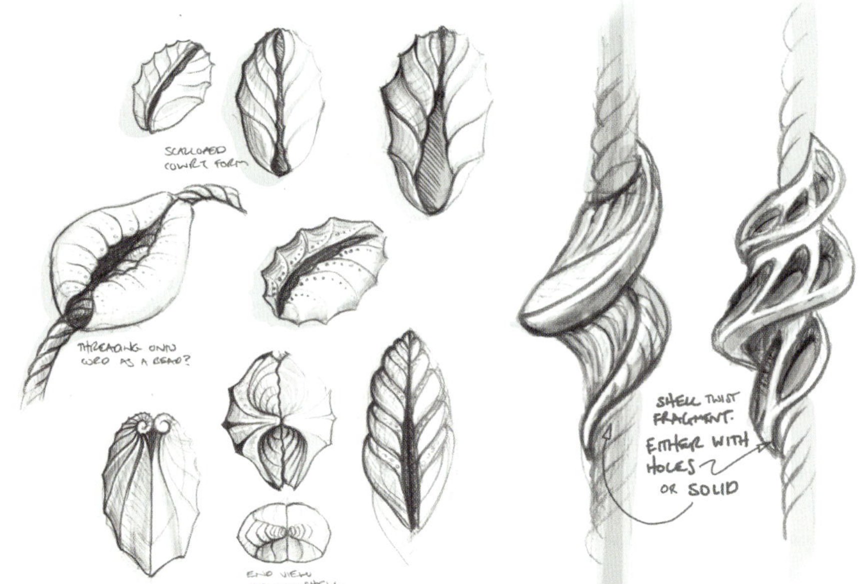

shell 
Ronal Tableau
Option —
Longer
Skirt
grass?

EL VESTUARIO COMO ELEMENTO TEMÁTICO

Scott continúa: «Jim insistía en que no cambiaríamos nada, sino que lo mejoraríamos todo. Todos los personajes poseen un recorrido diferente y complejo. Lo que hacemos con el vestuario es, sobre todo, construir personajes y exponer otros elementos temáticos. Además de construir personajes, construimos culturas. Ofrecemos al público una mirada más amplia y profunda de qué significa ser un omatikaya. En *A2*, hacemos lo mismo con un segundo clan, los metkayina, una tribu que se basa en el agua, así como con todo un influjo de nuevos personajes humanos».

Para Scott, una de las tareas más relevantes era reflejar visualmente el tiempo transcurrido para Jake y Neytiri por medio de sus ropas y complementos. «Son un poco mayores –dice–. Jim fue increíblemente respetuoso con ese concepto porque los actores mismos eran mayores. Y escogimos construir sobre la vida normal de Pandora, con una familia, muchos niños y encuentros con otros clanes. Todo es exponencialmente más amplio. Y eso también se aplica al mundo de la RDA».

En el aspecto técnico, Landau asegura que resultó inspirador ver cómo hizo Scott que las capacidades de su equipo contribuyeran a las películas de Cameron. «Fue sorprendente ver ese equilibrio entre el diseño tradicional y cómo incorporarlo al diseño sintético del mundo virtual – dice Landau–. Lo primero que aprendimos desde el punto de vista del diseño es que hay un lado práctico. Cuando diseñas prendas de vestir para el lado na'vi del mundo, resulta difícil juzgarlas adecuadamente en dos dimensiones, en una ilustración, de modo que empezamos a construir más prendas que las que creamos para la primera entrega».

En *A2*, la adición del clan metkayina implicaba que habría nuevos retos de vestuario en los que Scott debería ayudar al director. Cameron explica: «Ahora tenemos vestuario subacuático. Tuvimos que aprender cómo se mueven las prendas, el modo en que estaban fabricados los tejidos, si se trataba de flecos, de telas o de abalorios, y cómo se comportaban bajo el agua. Y luego hubo que volver y rediseñar. No podíamos diseñar algo y construirlo sin más. Hubo que hallar lo que funcionaba e incorporarlo al diseño ya existente».

Landau asegura que Scott lo convenció de que las distintas culturas na'vi debían tener un aspecto diferenciado. Recuerda: «Dijo que en cada cultura o clan, cada personaje debía tener un aspecto diferenciado, una sensibilidad única. En términos de vestuario, uno debería mirar y sin saber de quién es el cuerpo, identificar a qué clan pertenece».

Las secuelas también convertirían el departamento de vestuario de Scott en una empresa internacional. Algunas prendas se confeccionaron en Los Ángeles, pero la mayoría se diseñaron y crearon en Wētā Workshop, en Nueva Zelanda, bajo la dirección creativa de Flo Foxworthy y Lans Hansen. Con la guía de Scott, en las instalaciones había 22 personas (sastres, diseñadores y artesanos) dedicadas a crear el vestuario y accesorios para los personajes humanos y na'vi. En los períodos de máxima actividad de producción, hasta 211 miembros del taller proporcionaban servicios creativos a la película.

Del reto de integrar a los artesanos de Wētā en su departamento, Scott dice: «Mi equipo de Nueva Zelanda es el que se encarga del grueso del trabajo en el lugar, pero realmente necesitaba conocer a todo el equipo».

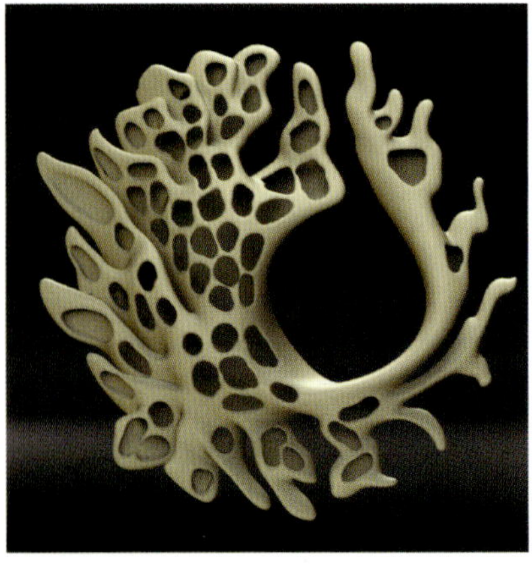

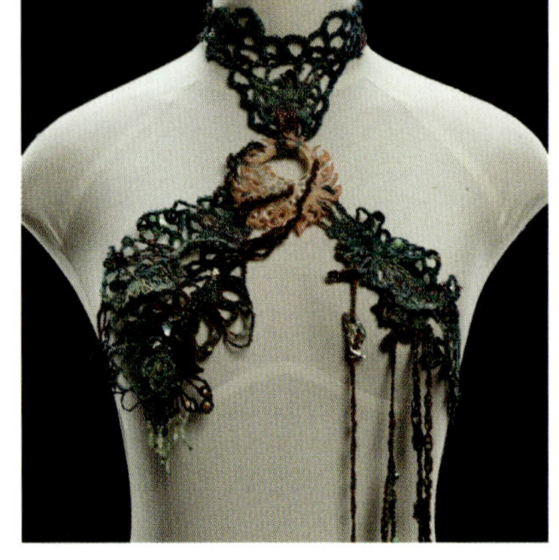

Para estar tan disponible como fuera posible, Scott se mudó a Nueva Zelanda durante meses.

Sir Richard Taylor, fundador, director creativo y jefe de Wētā Workshop, ayudó a Scott a convertir los requerimientos de diseño en cientos de complementos y prendas reales que se podían tocar. Explica: «A través de un proceso reiterativo de muestreo y experimentación, nuestros artesanos colaboraron con Deb para adoptar técnicas de confección tradicionales y procesos de fabricación de alta tecnología, combinándolos e interpretándolos de maneras nuevas e innovadoras. Al mezclar materiales contemporáneos con procesos de fabricación históricos, el equipo llevó sus habilidades a niveles totalmente nuevos, creando elementos de vestuario únicos con estéticas diferenciadas para los varios clanes na'vi. Los niveles de detalle que se ven hoy en día en la vestimenta de los na'vi superan de lejos los que se pueden ver en el cine convencional, y muchísimo más los de personajes animados digitalmente».

Y todo ello se consiguió a pesar de que Scott podía transmitir solo verbalmente a su increíble equipo de artistas reales y digitales las ideas de Cameron. «No se nos permitía hablar del guion –dice Scott de las medidas de confidencialidad impuestas incluso a los equipos creativos–. Tenía que comunicarles ideas y personajes. Me convertí en una narradora, pero no deja de ser la esencia del diseño de vestuario. Las prendas narran visualmente el recorrido de un personaje. Es un auténtico cumplido a los diseñadores e ilustradores poder realizar este tipo de trabajo».

Scott cuenta que en especial su equipo textil fue extremadamente intuitivo con respecto a trabajar con ideas a menudo vagas y crear, pese a ello, prendas deslumbrantes que elevan la estética na'vi. «El equipo textil es la columna vertebral de esta película –asegura–. Era difícil saber por dónde empezar, algo difícil de creer hoy, miles de muestras y esbozos más tarde. Las claves fueron la investigación y la experimentación».

Scott añade: «Pronto fue muy evidente (y aún lo es) que diseño y fabricación iban de la mano. Porque si no podemos fabricarlo, no deberíamos crearlo. Y eso no es limitarse uno mismo. Pero fue muy interesante ver cómo la fabricación se volvía tan importante o incluso más que los diseños mismos».

Hacia finales de 2017, los tres departamentos vibraban al unísono, trabajando en tándem para refinar la estética de diseño tanto en su forma como en su función. A medida que su trabajo progresaba, el mundo de *A2* ya no existía solo como concepto, sino como una colección de entornos, personajes y máquinas perfectamente probados y funcionales que llevarían la mitología de la película a nuevos niveles de realidad. Ese nuevo nivel, así como la impresionante y evocadora obra de los visionarios implicados en su creación, es lo que se analiza a fondo en este libro, ofreciendo destellos de todos los elementos que se conjuraron para dar vida al mundo único de *A2*.

ARRIBA: Diseño conceptual del *marui* de los Sully en la aldea metkayina | Jonathan Bach

LAS ELECCIONES QUE DEFINEN LA SECUELA

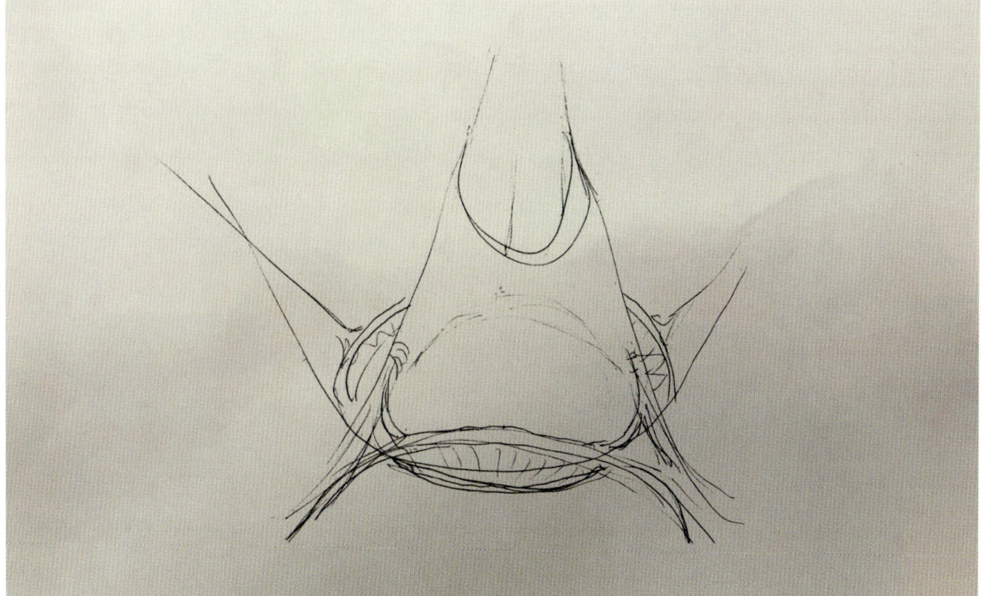

Alo largo del desarrollo de diseño para *A2* y las siguientes entregas, los diseñadores de producción Dylan Cole y Ben Procter, así como la diseñadora de vestuario Deborah L. Scott, han generado, con sus equipos, miles de obras de arte conceptual, estudios de personajes y criaturas y esbozos de texturas y tejidos. Todo ello por no mencionar infinidad de muestras físicas funcionales para producción, incluyendo prendas, complementos y maquetas. El volumen producido por los jefes de departamento y sus equipos es abrumador.

Landau dice: «El reto para los diseñadores de producción y vestuario era mucho mayor de lo que parecía. No solo debían diseñar los escenarios, personajes y criaturas: también debían crear cada prenda, complemento, joya, etcétera. La tarea era inmensa».

Entonces, ¿cómo recoger toda esa creación (las ideas empleadas y las descartadas) en las páginas finitas de este libro? Es imposible. No obstante, lo que surge de la montaña de retos conceptuales planteados a Cole, Procter y Scott por el director James Cameron son creaciones muy específicas de los tres equipos que han acabado representando la quintaesencia de la estética única y diferenciada de *A2*.

Este capítulo se adentra en esos retos de diseño específicos de cada equipo. Los jefes de departamento identifican las razones por las que precisaron tanta investigación, estudios conceptuales y pruebas alternativas. Posteriormente detallan cómo el diseño fue fundamental para establecer una estética propia que, a su vez, ayudaría a definir el aspecto general para sus departamentos. Estas piezas clave serían las que inspirarían la dirección y parámetros de infinidad de otros diseños analizados en capítulos posteriores.

Debido a lo ambicioso de la narrativa de *A2*, casi todo lo creado para ella se hizo partiendo de cero. Si bien *Avatar* sentó las bases de la mitología, la biología y la cultura na'vi, Cameron no tenía interés en repetir lo que ya había hecho. Así pues, en esta primera secuela planeó mostrar tan solo brevemente la conocida flora y fauna del exuberante bosque habitado por los omatikaya, y en lugar de ello centrarse en llevar al público a un terreno totalmente nuevo. En consecuencia, adiós al verde bosque de Pandora, sustituido por los preciosos azules aguamarina del océano, hábitat de los metkayina, y sus entornos circundantes.

También la RDA ha estado ocupada estos 14 años, tanto en el espacio como en la Tierra, desarrollando su tecnología para crear su creciente arsenal de aeronaves, vehículos marinos, máquinas y dispositivos mineros destinados a saquear Pandora. Ahora lleva a la superficie de la luna a sus nuevos soldados Recom, equipados para la guerra total, con la misión de impedir que Jake Sully (Sam Worthington), Neytiri (Zoe Saldaña) y su familia interfieran con sus objetivos corporativos.

Toda creación tiene una historia, y Cole, Procter y Scott tuvieron que superar sus propios obstáculos en el diseño. Su objetivo unitario y principal fue siempre traducir a la pantalla del modo más dinámico y sorprendente la Pandora que había en la cabeza de James Cameron.

Para todos los equipos creativos cada vez quedaba más claro que determinados conceptos resultarían clave para determinar un aspecto, técnica o estética fundamentales para la historia, los personajes o los paisajes. A su vez, resolver esos dilemas de diseño para obtener los resultados más eficaces acabaría influyendo en todas las exploraciones reflejadas en estas páginas. A partir de estos estudios hubo un manantial de ideas que Cameron en persona comentaba, ajustaba y por último aprobaba. De este modo, estas formas finales proporcionaban hojas de ruta con las que cada departamento mejoraba la historia visual y llevaba Pandora a alturas antes nunca vistas.

EQUIPO DE DISEÑO DE PANDORA

«Estaba trabajando con el equipo de ilustradores intentando definir qué es un *marui*. ¿Qué es una pasarela? Mientras ellos refinaban detalles y estructuras, yo trabajaba en el laboratorio, moviendo las piezas e intentando obtener buenas líneas visuales y una disposición general. Desde el inicio se mantuvo casi intacto el plano original de la aldea. Se trata de una gran U, con el pueblo en el centro y dos grandes brazos de manglares rodeándolo, uno sobre arena y el otro sobre el agua».

DYLAN COLE

CON SOLO UNA FRACCIÓN de la exuberante biodiversidad de Pandora revelada al público en *Avatar*, Dylan Cole y su equipo de diseñadores de conceptos, personajes y criaturas se vieron en *A2* ante la tarea de presentar un bioma completamente nuevo, el mundo de los metkayina. Como habitantes del arrecife, los metkayina residen en una comunidad construida sobre el agua en una serie de *maruis* (plataformas suspendidas hechas de tejido). En su primera reunión para tratar a fondo las secuelas, Cameron, que la apodó «aldea del arrecife», explicó y esbozó su estética y formas generales a Cole en una pizarra. Citando el concepto de diseño dymaxion, del arquitecto y diseñador Richard Buckminster Fuller, que como base para la creación busca «obtener el máximo beneficio con la menor inversión energética», Cameron retó a Cole a imaginar cómo sería la arquitectura de los metkayina. «Le dije: "Emplea una arquitectura de estructuras tensadas y textiles. Deja que la naturaleza sea tu arquitecto"». Los esbozos de Cameron y su idea fueron el punto de partida de Cole. Y debido a su importancia, el aspecto final resultó escurridizo: tardó tres años en quedar definido.

DERECHA: Diseño conceptual de la aldea metkayina | Dylan Cole

Cole explica que, como siempre, el proceso comenzó con mucha investigación. Dado que la aldea del arrecife sería una localización crucial para los Sully y los metkayina, Cameron quería ver una funcionalidad orgánica en los *maruis* interconectados, ya se tratase de casas familiares o de espacios comunitarios en los que las familias se reunieran.

Cole cuenta que al principio intentaron un enfoque «orbital» de las pasarelas conectadas entre los *maruis*, pero a Cameron no le gustó la estética, y peyorativamente las llamaba «anillos de Saturno». «Quería exactamente lo opuesto, una especie de estructura tensada entre objetos. Eso llevó a numerosos conceptos, como un estudio del ilustrador John Park, una de las primeras ideas de arquitectura tensada. Todos estábamos inmersos en diseños diferentes, pero ese concepto en especial parecía progresar también con nuestro lenguaje visual para los *maruis*, esa especie de estructuras similares a avisperos con interconexiones tensadas».

Cole explica que en 2014, el ilustrador David Levy realizó unos bellísimos estudios que eran «muy aproximados y sugerentes», y mucho más en línea con lo que Cameron buscaba en lo visual y lo funcional. A ello le siguieron varios estudios de Park que definieron algunas opciones ornamentales, y para darles un uso en los *maruis*, el equipo se puso a experimentar con artesanías con telas, alambres y otros materiales.

De inmediato, Cameron señaló que los *maruis* deberían tener un aspecto más cercano a cestas o nidos de golondrina. «Son como cápsulas, cosas tejidas», recuerda Cole de las explicaciones de Cameron. Aunque continuaron experimentando en esa dirección, dice Cole, al final resultó demasiado complicado. Aun así, en esos diseños Cameron halló elementos que le ayudaron a dar con un lenguaje visual mucho más sencillo.

Cole recuerda que no fue sino hasta 2017 que comenzaron a fijar la forma en que se verían las estructuras de los *maruis*. Entre otros requisitos de diseño, el equipo continuó probando diferentes elementos con distintos niveles de éxito…, y de repente hubo una revelación.

«Al final nos dimos cuenta de que pensábamos en los *maruis* y en las pasarelas como cosas separadas –recuerda–. Lo que realmente resultó decisivo fue pensar en ambos como la misma cosa, con la pasarela formando parte de la estructura del *marui*. Así todo fluye junto. Aún necesitábamos grandes pasarelas, pero comenzamos a pensar en ellas como unidades que los diseñadores Jonathan Bach y John Park ilustraban en blanco y negro. Y así acabamos solucionándolo».

Cameron estaba encantado con la integración, pero para ocasiones clave de la historia necesitaba lugares de la aldea en los que plantar a los personajes. Cole admite que esperaba diseñar a la comunidad para buscar un aspecto general y cohesionador. Recordando cómo tuvieron que ajustar su enfoque, dice: «Pero Jim presionaba: "No, ¿dónde está mi escenario? ¿Dónde está mi pasarela? ¿Dónde está mi casa? ¡Necesito filmar escenas!". Aún intento averiguar qué es una aldea en un arrecife, no sé nada de escenarios».

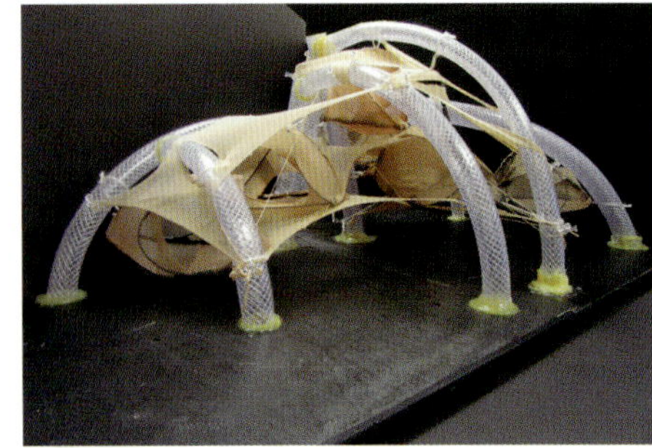

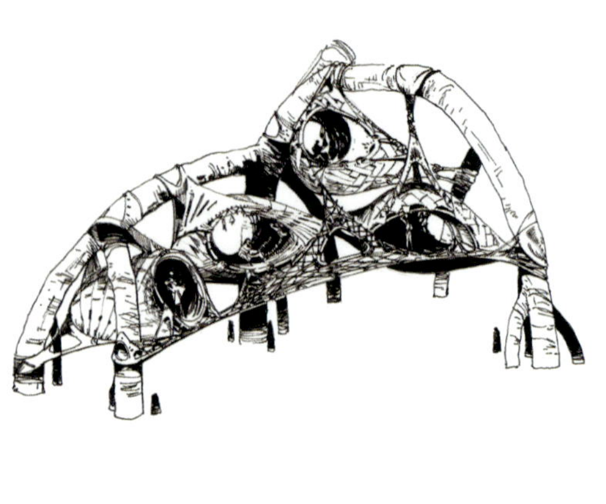

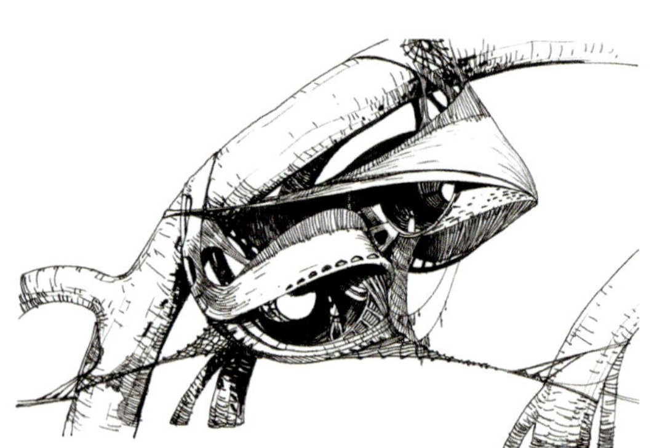

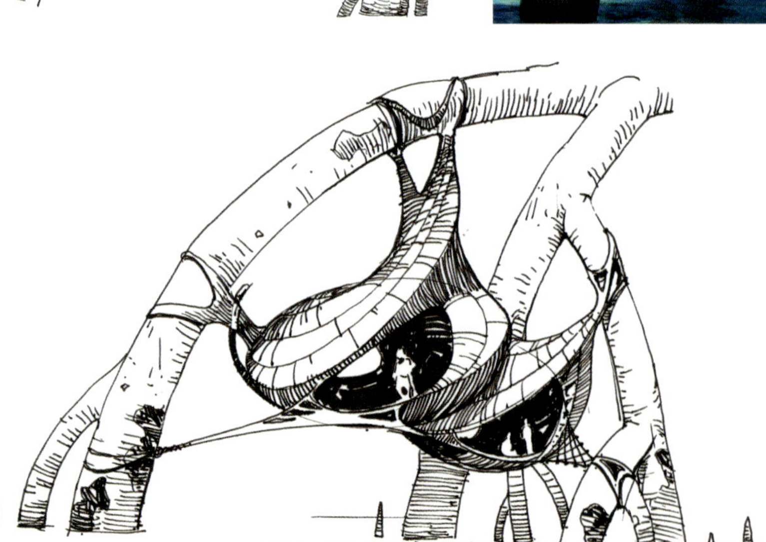

Al final, tras haberse acercado a la idea de Cameron, Cole cuenta que siguieron perfeccionando *maruis* individuales, como el hogar de los Sully, para crear escenarios diferenciados en los que Cameron pudiese localizar escenas. «El *marui* de los Sully necesitaba un porche porque habría muchas personas frente a él –recuerda Cole–. Necesitábamos una puerta trasera, de modo que el *marui* de los Sully acabó teniendo su propia evolución. Y para ello acabamos construyendo una maqueta pensando en el escenario. Pasamos del diseño artístico al diseño en 3D a pensar en todo el flujo de construcción».

Esto le obligó a pedir ayuda a los escenógrafos que ya trabajaban en el equipo de Ben Procter. Cole dice: «Sabiendo que debíamos construir esta aldea y que teníamos que hacerlo en serio, reclutamos escenógrafos para pasar el diseño artístico y los modelos 3D a diseños construibles. Kevin Loo hizo un trabajo increíble con las curvas, que luego Ed Symon interpretó y construyó para nuestro escenario de captura de imágenes. Hicieron un gran trabajo pasándolo a términos reales».

Cole supo que habían logrado capturar la visión de Cameron para la aldea del arrecife cuando tras cinco años, Cameron la usó para rodar una escena de la película. «Estaba llorando de alegría: "¡Oh, Dios, hemos hecho la aldea del arrecife!". Vale, nunca está acabada, pero fue el escenario que más dificultades nos planteó. Pero lo hicimos y lo pusimos en manos de Wētā FX».

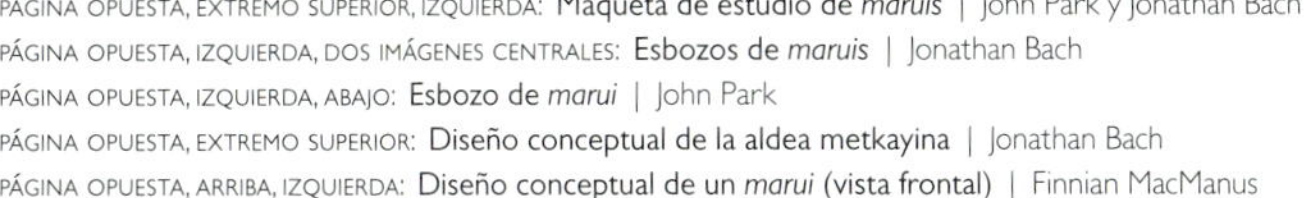

PÁGINA OPUESTA, EXTREMO SUPERIOR, IZQUIERDA: Maqueta de estudio de *maruis* | John Park y Jonathan Bach
PÁGINA OPUESTA, IZQUIERDA, DOS IMÁGENES CENTRALES: Esbozos de *maruis* | Jonathan Bach
PÁGINA OPUESTA, IZQUIERDA, ABAJO: Esbozo de *marui* | John Park
PÁGINA OPUESTA, EXTREMO SUPERIOR: Diseño conceptual de la aldea metkayina | Jonathan Bach
PÁGINA OPUESTA, ARRIBA, IZQUIERDA: Diseño conceptual de un *marui* (vista frontal) | Finnian MacManus
PÁGINA OPUESTA, ARRIBA, DERECHA: Diseño conceptual de la aldea metkayina | Saiful Haque

EXTREMO SUPERIOR, IZQUIERDA: Diseño conceptual del *marui* de los Sully | Jonathan Bach
ARRIBA: Diseño conceptual del interior del *marui* de los Sully | Jonathan Bach
EXTREMO SUPERIOR, DERECHA: Diseño conceptual del *marui* de los Sully y de la aldea omatikaya | Jonathan Bach
DERECHA: Maqueta del *marui* de los Sully | Wētā Workshop

EQUIPO DE DISEÑO DE LA RDA

«La RDA ha regresado y con una escala de fuerza nunca antes vista.
Inventamos tres divisiones: SecOps (Operaciones de Seguridad), CetOps
(Operaciones con Cetáceos) y SciOps (Operaciones Científicas). CetOps
tiene un pie en la ciencia, en los conocimientos y tácticas específicas
relativas a los *tulkun*. El otro pie está en la dirección operativa de gestión
de la flota. SciOps es tan solo un generador de investigaciones sobre
todo tipo de actividades científicas, como el Proyecto Fénix o los Recom».

BEN PROCTER

EL EQUIPO DE DISEÑO de producción de superficies duras,
compuesto por Ben Procter y sus ilustradores, diseñadores 3D y
diseñadores gráficos, se centró en el bando humano de la historia,
en especial en el armamento de la RDA y los terribles métodos que
empleaba para expoliar los recursos naturales de Pandora. A2 comienza
unos 14 años después de los acontecimientos de la primera película, por
lo que Procter y su equipo debían comunicar una cantidad proporcional
de avances tecnológicos en la maquinaria que figurase en el guion.

Los amplios conocimientos e interés de James Cameron en vehículos
militares y acuáticos, basados en su dilatada experiencia en inmersiones
a gran profundidad, fueron un recurso valiosísimo. Con aportaciones de
Cameron, Procter y su equipo decidieron que aplicarían un doble enfoque
de diseño a los grandes vehículos para emplear como escenarios.

Procter explica: «O bien las cosas tenían fuertes influencias del
mundo animal o bien empleamos referencias del mundo real, en especial
maquinaria militar de la Guerra Fría. Esto nos permitió establecer que
en la RDA hay una escuela de diseño de tipo europeo oriental. Nunca
construyen nada pequeño, como dijo Jim: "O lo hacemos a lo grande, o
no lo hacemos". Ese espíritu moldea muchas de las cosas que diseñamos».
Un perfecto ejemplo de esta escuela de pensamiento se aplicó a un vehículo
crucial para el ataque de la RDA contra los metkayina y los *tulkun*: el
Dragón Marino.

DERECHA: Diseño conceptual de los barracones | Fausto De Martini

ID REGISTRATION STATION
0434
RDA
RESOURCES DEVELOPMENT ADMINISTRATION
Welcome to
BRIDGEHE
POPULATION:

DRAGÓN MARINO

«Por decirlo de algún modo, el Dragón Marino es mi aldea del arrecife
–dice Procter, comparándolo con el crucial diseño de Cole–. Constituye, de
lejos, el problema de diseño más difícil que hemos tenido que solucionar».
Cuenta que desde los requerimientos iniciales al diseño final hubo una
interminable cascada de ajustes hasta lograr el mejor aspecto e identificar
las sutilezas de su diseño interior según las expectativas de Cameron.

«Tiene estos rasgos de personalidad, pero es, a la vez, la Estrella de
la Muerte de esta historia –dice, comparándola con el arma destructora
de planetas de *Star Wars: Una nueva esperanza*–. En un sentido general,
el Dragón Marino es un escenario gigante. Requirió un plano en 3D
que incorporase los diferentes elementos, escenarios para rodaje real
en exteriores e interiores y escenarios virtuales, y todo debía integrarse.
Hay barcos que zarpan, aeronaves despegando, escenas dramáticas de
personajes y escenas de acción con personajes trepando, ocultándose,
acechando y luchando. En definitiva, el barco acaba bastante dañado, y
hay explosiones en distintas áreas. Y cada uno de esos acontecimientos
sucede por una razón en la historia. Cada uno de ellos altera la
disposición de un modo importante».

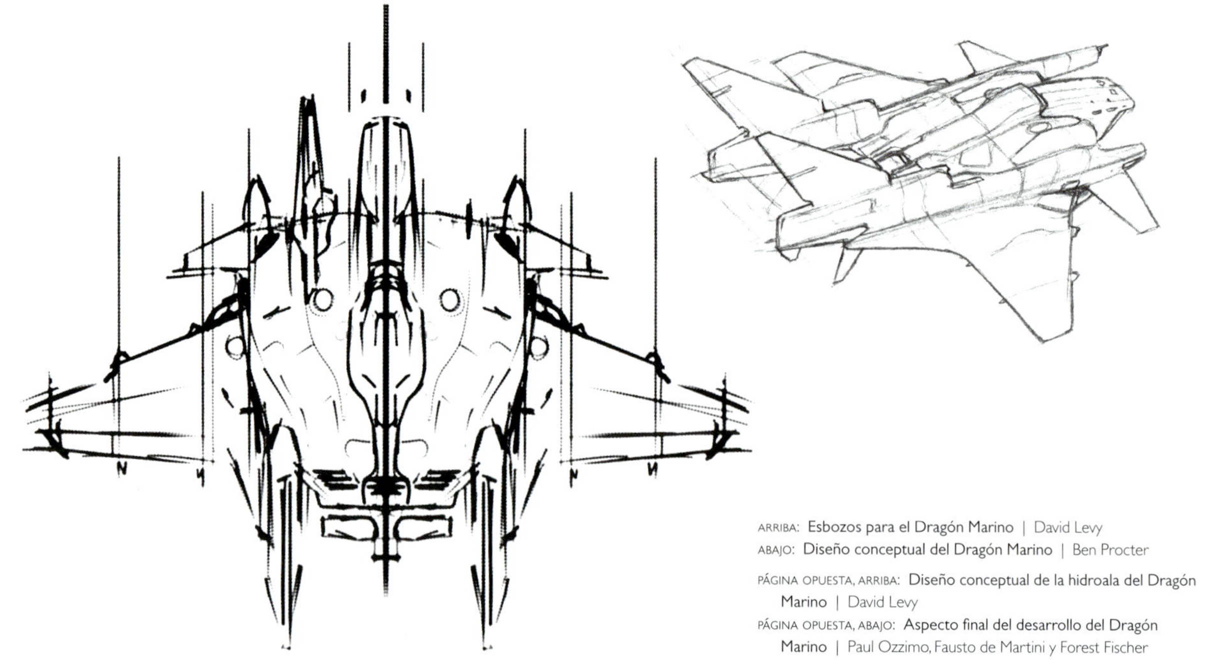

ARRIBA: Esbozos para el Dragón Marino | David Levy

ABAJO: Diseño conceptual del Dragón Marino | Ben Procter

PÁGINA OPUESTA, ARRIBA: Diseño conceptual de la hidroala del Dragón
Marino | David Levy

PÁGINA OPUESTA, ABAJO: Aspecto final del desarrollo del Dragón
Marino | Paul Ozzimo, Fausto de Martini y Forest Fischer

RESEARCH

ARRIBA, IZQUIERDA: Cubierta de proa del Dragón Marino, abierta | LEI Lab y Fausto De Martini

CENTRO, IZQUIERDA: Diseño conceptual de la cubierta de inmersión del Dragón Marino | Jonathan Berube y Fausto De Martini

IZQUIERDA: Pasillo inferior del Dragón Marino | Fausto De Martini y Jonathan Bach

ARRIBA: El Dragón Marino, en construcción | Saiful Haque

Cameron necesitaba también al Dragón Marino para secuencias rodadas con su sistema de captura submarina desarrollado para las secuelas. «Hay toda una serie de momentos de la historia con los mismos escenarios boca abajo e inundados, todo bajo el agua –explica Procter–. Desde el punto de vista del diseño, estábamos aprendiendo a entender el plano del Dragón Marino de ambas maneras, de estribor a babor, y después a verlo invertido y bajo el agua, y uno debe recordar que es exactamente al revés de como imagina».

Como mínimo, sobrecogedor. Procter dice que él y los ilustradores conceptuales Fausto de Martini y David Levy comenzaron su fase inicial de diseño para el Dragón Marino mirando planos de aeronaves de hidroala del mundo real. Lo probaron todo, desde los modelos esperables hasta ejemplos mucho menos conocidos que no aparecían en los libros de Cameron.

Procter recuerda: «Partíamos de un lienzo muy amplio: ¿qué queremos, qué formas nos gustan y qué vamos a hacer con ellas?». Después pasaron sus elecciones a diagramas de referencia, entre ellas, aerodeslizadores con cuatro grandes rotores como motivo visual. A Cameron le gustaba esa opción en especial, y para Procter y su equipo se convirtió en una valiosa referencia del mundo real.

Dado que los animales y formas acuáticas constituían otra importante influencia, Procter dice que jugaron con muchas de estas referencias, y acabaron centrándose en la silueta de una mantarraya. Tratándose de un vehículo marino, este fue un momento crucial para el plan general del Dragón Marino.

Procter cuenta que tras muchas pruebas, el diseño del barco empezó a incorporar los lóbulos o «cuernos» de la mantarraya, una sutil alusión a los cuernos del vehículo *bulldozer* de la *Avatar* original. Adoptaron la forma de alas «canard» (pequeños alerones que en aviones se colocan delante del ala principal) que sobresaldrían para obtener una imponente envergadura.

«Es un barco diseñado para consumir cosas –explica Procter–. Su extremo delantero recuerda la boca de una ballena, de manera que la metáfora se traduce en que el vehículo abre toda su cara. De un modo sobrecogedor, extraño, por decirlo de algún modo, el vehículo abre la cabeza y crea una especie de orificio que traga».

Procter decidió proseguir con la metáfora de Cameron y añadir color rojo en el interior para contrastar con el gris del exterior del Dragón Marino. «Pensé: dado que el Dragón Marino es como una criatura con la boca abierta, pintemos partes del interior de color rojo. El público lo asociará con ver sus tripas o su boca. A medida que nos adentramos, el rojo va disminuyendo, pero cuando la máquina se abre, tenemos estas dos fachadas rojas». Cameron aprobó de inmediato el concepto.

PÁGINA OPUESTA, ARRIBA: Diseño conceptual de la botadura del ballenero en el Dragón Marino | Jonathan Berube y Fausto De Martini
PÁGINA OPUESTA, ABAJO: Fotograma clave de la cubierta de proa del Dragón Marino | Jonathan Berube y Fausto De Martini

ABAJO, IZQUIERDA: Diseño conceptual de la caza del *tulkun* | David Levy
ABAJO, DERECHA: Diseño conceptual del Dragón Marino impactando contra las rocas | Dylan Cole y Fausto De Martini
EXTREMO INFERIOR: Diseño conceptual del enfrentamiento entre Neytiri y Quaritch | John Park
PÁGINA DOBLE SIGUIENTE: El Dragón Marino en marcha | Ben Procter y Fausto De Martini

EQUIPO DE VESTUARIO

«Una prenda está compuesta de diferentes elementos: una concha, un hueso, el propio tejido. Una de las fases más difíciles del proceso es integrar todas esas partes. ¿Cómo hacer que todo funcione al unísono? Esta pregunta fue clave a la hora de desarrollar un método de tejido más sofisticado que tan solo tejer algo en otra cosa o de algún modo envolverlo. Durante el proceso de creación de *A2* acabamos desarrollando un lenguaje propio».

DEBORAH L. SCOTT

CAMERON Y LANDAU INCORPORARON a Deborah L. Scott no solo para diseñar el vestuario, sino para supervisar el aspecto general de los personajes, del vestuario a la peluquería y al maquillaje. Aunque muchos de los personajes de las secuelas de *Avatar* se crearían digitalmente, necesitaban el mismo diseño estético que los personajes de carne y hueso. Por tanto, como parte del proceso, Scott crearía un vestuario físico, y luego Wētā FX lo transportaría al reino digital. Era una lección que Cameron había aprendido de *Avatar*: la naturaleza táctil, el modo en que una prenda existe sobre el cuerpo de un personaje, ha de tener su origen en el mundo real.

Scott veía en especial a Neytiri como un desafío, porque su vestuario reflejaría cómo había cambiado en los 14 años transcurridos desde que el público la conociera como la intrépida e independiente guerrera omatikaya. Convertida en madre y esposa, deja atrás parte de su antigua vida para forjarse una entre aquellos que no conoce, los metkayina.

Scott asegura: «En muchos aspectos, Neytiri es la figura central de la película. Es la madre. Es la mujer. Es la que lo mantiene todo unido. Tiene muchos conflictos emocionales. No le gusta abandonar su clan; se resiste al cambio. Uno de sus rasgos característicos son los collares altos, que subrayan su estatus como matriarca omatikaya».

DERECHA: Diseño conceptual de habitantes de la aldea del arrecife | Wētā Workshop

NEYTIRI: NUEVO VESTUARIO

A Scott le pidieron que diseñara una prenda en especial: el adorno
pectoral omatikaya para Neytiri, ella lo describe como la escultura
de un esternón ornamentado con hojas. «Esa prenda pasó por lo que
parecieron mil millones de versiones –explica–. Intentar averiguar cómo
demonios construirla fue realmente difícil. Comunica fuerza, pero a la
vez es muy delicada, es orgánica y alienígena». Recuerda que la primera
impresión de Cameron fue que la prenda hacía que Neytiri se viera
aristocrática, que era exactamente el objetivo. Añade: «Sus palabras me
guiaron hacia una temática básica que ayudó a definir todos los diseños.
Todas y cada una de las prendas deben ser únicas, algo que nunca se
haya visto, algo que uno no pueda identificar pero que resulte bello».

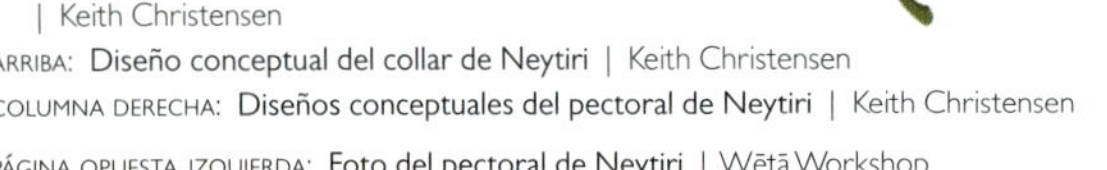

EXTREMO SUPERIOR: Diseño conceptual de ala vegetal
| Keith Christensen

ARRIBA: Diseño conceptual del collar de Neytiri | Keith Christensen

COLUMNA DERECHA: Diseños conceptuales del pectoral de Neytiri | Keith Christensen

PÁGINA OPUESTA, IZQUIERDA: Foto del pectoral de Neytiri | Wëtä Workshop

PÁGINA OPUESTA, DERECHA: Aspecto final de Neytiri | Keith Christensen y Wëtä Workshop

EL ASPECTO DE RONAL

La vestimenta de los metkayina no solo los distingue de los omatikaya y su estética, sino que cada prenda que visten es una extensión visual de sus personalidades y cultura. Para Scott y su equipo, establecer una estética para los miembros del nuevo clan fue una enorme tarea, pero los aspectos de dos personajes en especial despejaron el camino para una miríada de elecciones de indumentaria.

Ronal (Kate Winslet) es la jefa y la *tsahìk* del clan metkayina, y posee una notable personalidad que exhibe en su modo de andar y en su indumentaria. Dado que fue uno de los primeros vestidos que diseñaron y confeccionaron para cualquier personaje, Scott dice que representa la variedad de fuentes empleada para dar vida a un nuevo pueblo totalmente extraño.

«Cuando creo un nuevo vestido, uno de los aspectos más importantes a los que me enfrento son las circunstancias en que será utilizado y cómo afectará al movimiento, al sonido, factores como esos», explica.

Para el intrincado top de Ronal, con conchas entretejidas, Scott destaca que la idea provino de una playa de Nueva Zelanda. «El mar lleva cosas hermosas a la costa todo el tiempo: trozos de conchas, madera, plantas…, todas de diferentes formas y colores, combinadas de formas únicas». Recogió una concha de forma casi cilíndrica que pese a ser totalmente natural, parecía fabricada. «Fui a Wētā Workshop y con sus artesanos creamos el concepto para integrar la pāua. Cada una de esas conchas se talla individualmente y se dispone en un marco tejido».

Scott cuenta que se decidió que nadie excepto Ronal vistiera falda, lo que le proporciona mucha más distinción. «En la falda se mezclan diferentes tipos de conchas marinas. Y el color lavanda procede de las conchas que recogí en la playa. A nuestro regreso hicimos en impresión 3D nuestras propias versiones de las conchas. Con respecto a la otra falda, cuando aparece en la película su color es muy vibrante. Comunica orgullo. Es una prenda elaborada. La ves venir. Cuando aparece por primera vez aparta a la multitud, y con el color y el movimiento del vestido todo el mundo se pregunta: "¡Vaya! ¿Quién es? Tiene que ser alguien importante"».

EL ESTATUS DE TONOWARI

Durante los primeros días, cuando se pensaba en el tono y el estilo del clan, el otro metkayina importante era Tonowari, el jefe (Cliff Curtis). Scott dice que su aspecto procede de las primeras conversaciones con Cameron, que expresó su afinidad con el poder totémico de elementos como garras y dientes –típicos símbolos de estatus y poder– para expresar visualmente su posición al público.

«Siendo el líder del clan y su hombre más poderoso, ¿qué símbolo llevaría en torno al cuello? ¿Qué es suficientemente bueno y posee sentido? –Scott comenta que pensaron en ello desde el principio–: Pasamos por un montón de versiones». En los primeros esbozos de conceptos de Tonowari, Scott explica que acabaron reduciéndolo a un diente que evocase fuerza, pero que fuera estéticamente agradable. «Encarna todas esas cosas. Y cuando hallamos a los metkayina, desde el principio se ve que son un pueblo mucho más pasivo, de modo que ponerse agresivo no daba el tono adecuado».

Scott dice que tardaron muchos meses en averiguar cómo debería ser su símbolo de poder. La prenda definitiva está tallada a mano y tejida. Explica: «Es muy fuerte, es literalmente un escudo de conchas pāua con todos los colores del mar. Exhibe en torno al cuello todo lo relacionado con su cultura. Y está muy presente».

La prenda fue también muy indicativa de lo que se convertiría en el proceso crucial para las secuelas: incluyó a varios colaboradores de Wētā Workshop contribuyendo y mejorando los diseños y la ejecución. «Antes de ir a por el producto final, deseaba incorporar a los artesanos de Wētā Workshop; deseaba colaborar con el diseño que mejor conectara con Jim –dice Scott con sinceridad–. Cuando inventas cosas no estás segura de lo que quieres al final. Ese símbolo de poder no solo mostraba lo difícil del proceso de diseño: mostraba lo importante que fue para ambos equipos trabajar juntos».

Hannah Scott-Suhrstedt, ayudante de la jefa de vestuario, dice: «En los meses previos a que aterrizáramos en Nueva Zelanda, hubo un toma y daca de ideas. Nada fue lineal, de la página a las muestras, en absoluto. Hubo que retroceder varias veces y emplear las habilidades de mucha gente diferente. Todo se dio en una evolución realmente natural de visiones y talentos».

De la colaboración con Wētā Workshop, Scott concluye: «También mostró que en mi departamento, a la hora de averiguar cómo hacer algo y consolidar el concepto, si tienes una opinión, si tienes una voz, por favor, úsala. Estamos haciendo esto todos juntos».

ABAJO, IZQUIERDA: Esbozos del símbolo de poder de Tonowari | Lans Hansen

EXTREMO INFERIOR, IZQUIERDA: Diseño conceptual del símbolo de poder de Tonowari | Wētā Workshop

EXTREMO INFERIOR, CENTRO: Instrucciones para esculpir un diente de tiburón | Wētā Workshop

ABAJO, DERECHA: Estudio de una concha pāua tallada | Wētā Workshop

EXTREMO INFERIOR, DERECHA: Diseño conceptual del collar de Tonowari | Wētā Workshop

PÁGINA OPUESTA, ARRIBA, IZQUIERDA: Diseño conceptual del collar de Tonowari | Wētā Workshop

PÁGINA OPUESTA, ABAJO, IZQUIERDA: Diseño conceptual del collar de pāua de Tonowari | Wētā Workshop

PÁGINA OPUESTA, DERECHA: Diseño conceptual del vestido funerario de Tonowari | Wētā Workshop

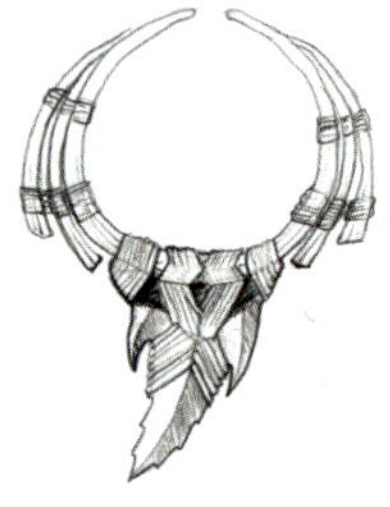
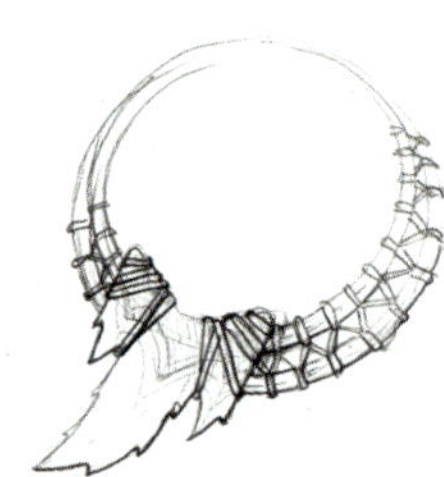

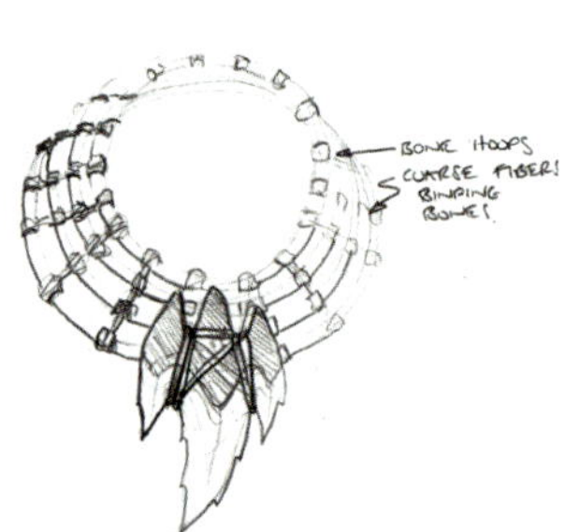

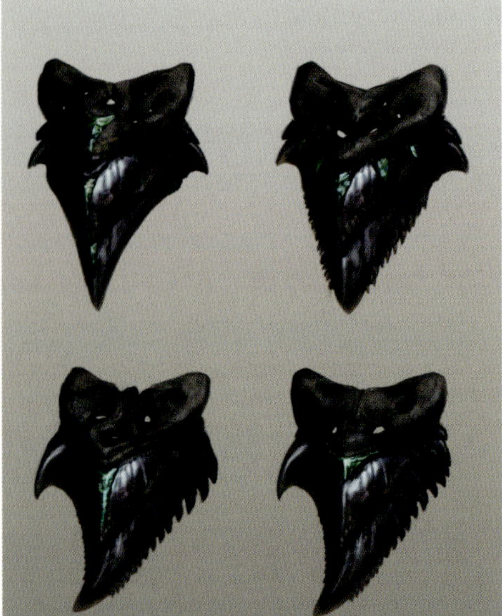
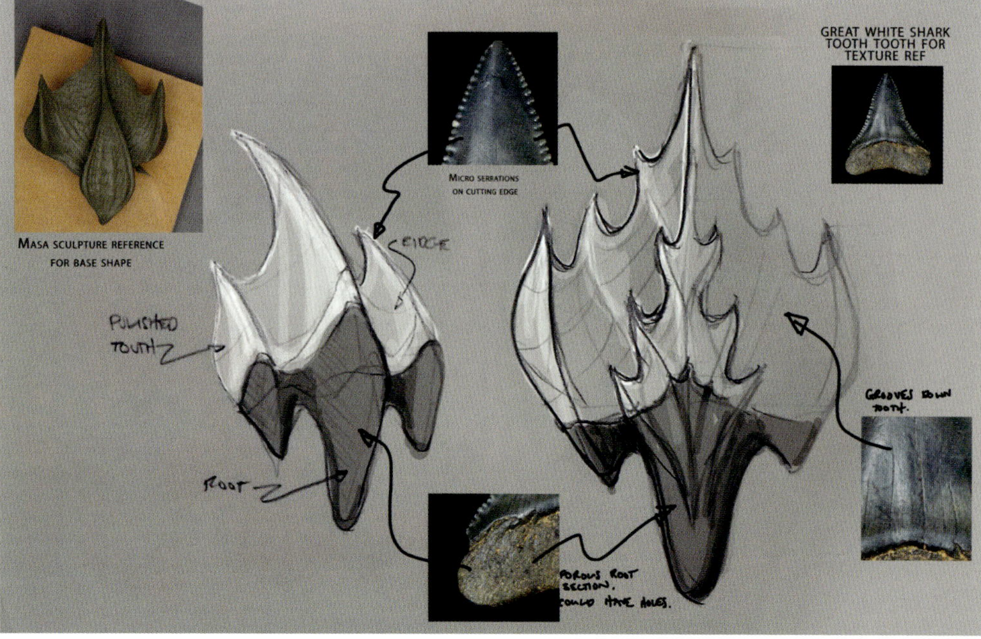

ARRIBA: Foto del símbolo de poder de Tonowari | Wētā Workshop
PÁGINA OPUESTA: Diseño conceptual del símbolo de poder de Tonowari | Wētā Workshop

ARRIBA: Arcos y montañas flotantes | Dylan Cole

PANDORA: UN MUNDO DE CLANES

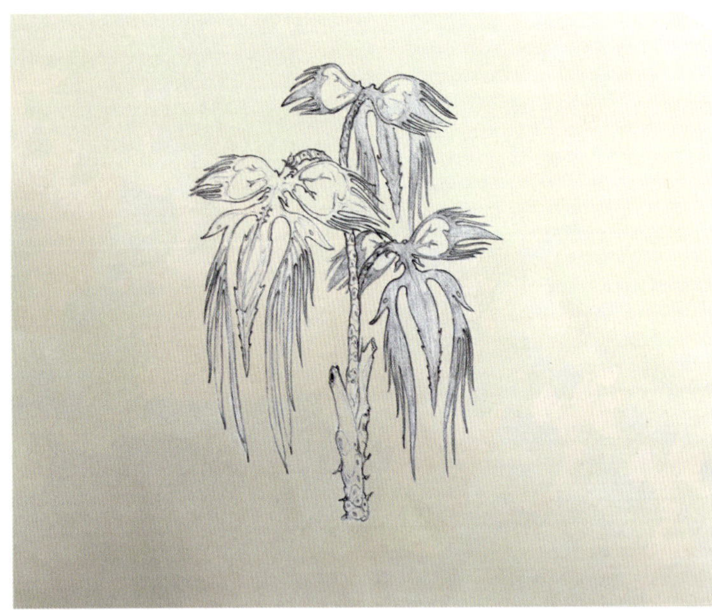

La nueva entrega de *Avatar* comienza con un breve regreso a los conocidos bosques tropicales de los omatikaya. Pero puesto que la familia Sully debe abandonar la comodidad de su hogar para proteger a su clan de la renovada amenaza de la RDA, el idilio dura poco. Jake, Neytiri y sus hijos no tardan en convertirse en los vectores de la historia hacia lo desconocido, y nos ofrecen un increíble descubrimiento de territorios inéditos que componen la biodiversidad de la luna Pandora.

Para el jefe de diseño de producción, Dylan Cole, y sus colaboradores, desde la perspectiva del diseño pasar del ecosistema de los omatikaya al de los metkayina implica, literalmente, un océano de cambios. «En gran parte, *Avatar* insinúa que Pandora está cubierta solo por junglas y esas espectaculares montañas flotantes, pero en realidad hay mucho más», explica Cole. Los metkayina coexisten con un ecosistema marino al que han convertido en su hogar, integrándose con su entorno, tanto encima como debajo del agua.

Al inicio, durante los primeros días de desarrollo de la secuela, había diseñadores conceptuales como Steven Messing, David Levy y John Park que ayudaron a dar forma a cómo sería Pandora. Joseph Pepe llegó una semana antes de que se contratara a los jefes de diseño de producción, y ejerció como un departamento de diseño unipersonal. Posteriormente se unirían al equipo Jonathan Berube, Zach Berger, Nick Gindraux, Saiful Haque, Annis Naeem y Jonathan Bach.

Según Cole, la breve reunión informativa que tuvo James Cameron con el equipo creativo sirvió para conectar con el lenguaje visual de los océanos de la Tierra para crear un mundo familiar pero sorprendente para el público, como en gran parte se hizo con los bosques en la primera entrega. «Algo que me entusiasmaba era la ruptura visual con lo complicado del bosque para pasar a la tranquilidad visual, la serenidad del océano al anochecer, un horizonte limpio y los detalles de algún alienígena. Era hacia allí que intentábamos ir», dice Cole con referencia a la nueva estética de esta primera secuela.

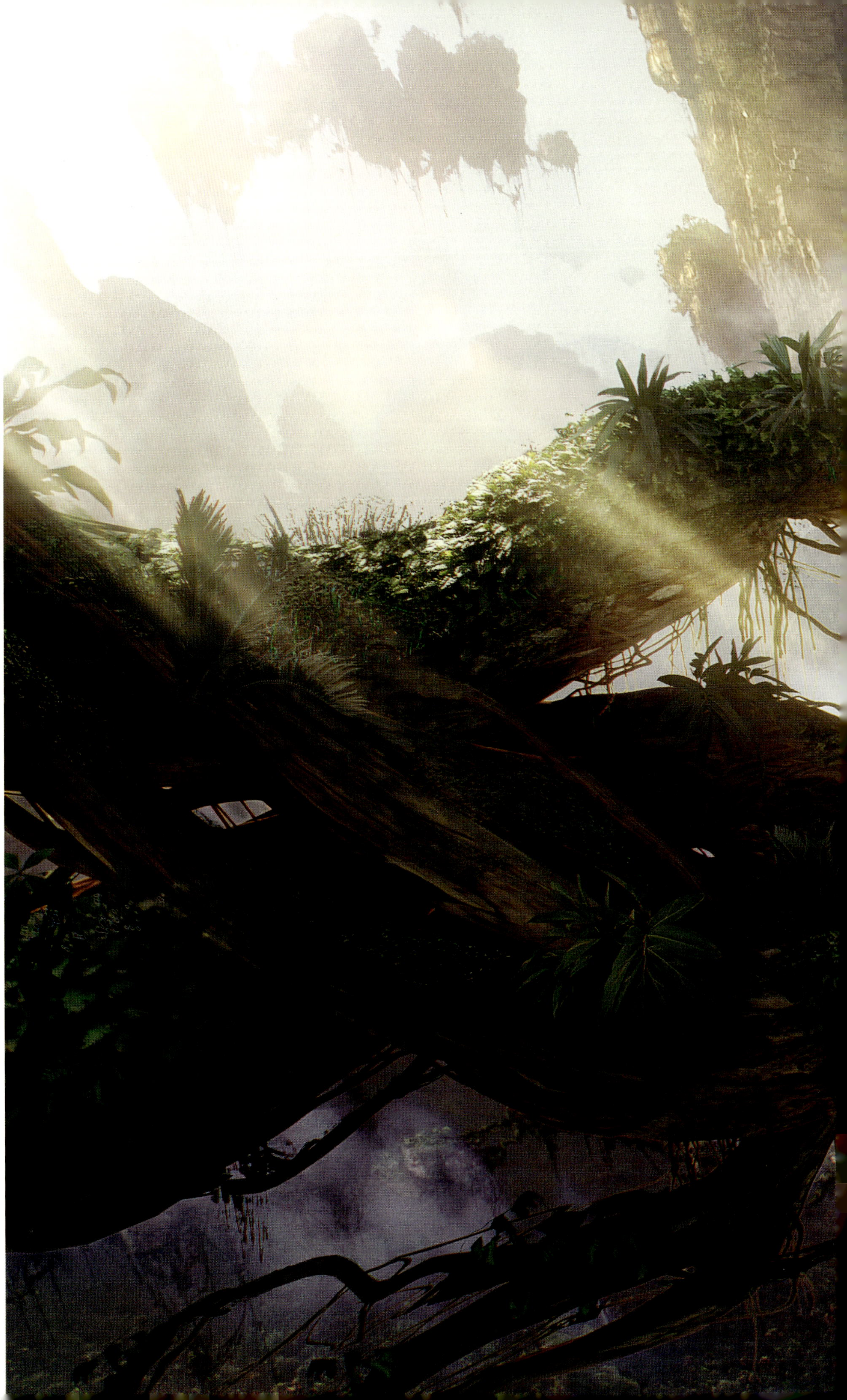

ARRIBA: Papa mantis, una planta de la jungla | Daphne Yap
DERECHA: Diseño conceptual de un puente de lianas en las montañas flotantes | Steven Messing

EXTREMO SUPERIOR: Diseño conceptual de árboles-cascada | Steven Messing
ARRIBA: Diseño conceptual de cascada entre hongos gigantes | Steven Messing
DERECHA: Diseño conceptual de marisma tropical | Dylan Cole

ARRIBA: Diseño conceptual de cascadas escalonadas en el bosque | Steven Messing

EXTREMO SUPERIOR: Diseño conceptual de una escena de pesca | Dylan Cole
ARRIBA: Diseño conceptual de cascadas en un delta costero | Dylan Cole

PÁGINA DOBLE SIGUIENTE: Diseño conceptual de Lo'ak y Tsireya nadando en aguas poco profundas | Dylan Cole

INFLUENCIAS FRACTALES

Mediante referencias al mundo real, como documentales y colecciones fotográficas, Cole y su equipo establecieron una historia del ecosistema de los metkayina. De esa intensa investigación salieron guías de diseño muy específicas. «Debería dar de inmediato una buena sensación, pero para el público también ha de ser ejemplo de plenitud –explica Cole–. Tenía que ser el mejor paraíso tropical que uno pudiera imaginar y deseara experimentar».

A la hora de crear cualquier diseño na'vi, un principio básico es la idea de que hay una sensibilidad orgánica que los conecta con su entorno. «En su mundo, todo es bello y elegante –afirma Cole–. Como diseñadores queremos tener rienda suelta, pero hay que refrenarse y examinar bien los requerimientos de la historia. Debemos preguntar de qué trata la escena y qué necesita realmente».

Mientras los diseñadores asimilaban conceptos y creaciones fantásticas que quizá resultaban demasiado extrañas, Cameron también quería asegurarse de que el mundo de los na'vi no tuviese un diseño tan alienígena como para distanciar al público. Acerca de cómo se aplicó la idea en *Avatar*, Cole dice: «Con tan solo un vistazo, comprobamos que el bosque de Pandora es una selva tropical. Un helecho era un helecho. Para las secuelas pasamos por una fase de enfriamiento, en la que la mayor parte del lenguaje visual del mundo submarino de coral se basó en nuestro mundo, pero de un modo diferente. Es evidente que también tenemos corales exóticos y alienígenas. Pero una gran parte se basa en el mundo real, porque el objetivo último de la película es ser una metáfora, una analogía de nuestro propio planeta. No quieres alejarte mucho de la realidad, o la metáfora dejará de funcionar».

Mirando cómo la naturaleza produce orgánicamente, una y otra vez, el departamento de Cole se zambulló en el mundo de las estructuras fractales para entretejerlo en sus diseños para el ecosistema de los metkayina. Cole explica sobre su investigación: «Comenzamos a comparar formas de conjuntos de Mandelbrot y de conjuntos de Julia, ejemplos de fractales en las matemáticas. Steven Messing realizó con ellos unos cuantos experimentos geniales. El de Mandelbrot tuvo una gran influencia en las grandes estructuras de coral que creamos».

Uno de los primeros escenarios a los que aplicaron su investigación fue el espigón que protege a la laguna de la aldea metkayina de la furia del océano. Cole comenta: «Estaba intentando examinar qué es un espigón. ¿Qué forma tiene el borde del arrecife?». Los distintos patrones fractales analizados por el equipo les ayudaron a dar forma a los bordes de un espigón natural que pudiera incorporar también elaboradas islas de aspecto alienígena. Y añade: «La fórmula de diseño con cuaterniones de Julia acabó ofreciendo una serie de formas geniales y su lenguaje encantó a Jim, que pensó que era una buena base para el espigón».

Cole prosigue: «La naturaleza fluida de esas formas me gustó porque me recordó a la forma de las olas. De manera que se me ocurrió que podía tratarse de estructuras formadas por la acreción de algo como plancton calcificado gracias a las olas».

Para las islas, Cole y sus ilustradores probaron «grandes formas absurdas» y «estructuras coralinas por encima del agua», pero Cameron quería que los diseños de la laguna y las islas fueran funcionales. «Jim no quería coral por encima del nivel del agua –dice Cole–. Insistía en que "no, es un organismo subacuático". Yo no paraba de añadir crecimientos de coral en torno a todo tipo de cosas, pero Jim estaba totalmente en contra y solo quería el coral bajo el agua. Ya llegamos a ese acabado en la primera película. Nuestro instinto de ilustradores era hacer que al principio todo se viera más alienígena, para después ir devolviéndolo a algo más parecido a la realidad. Es por eso que nuestras islas parecen Palau o Tailandia: para que el público conecte de inmediato con ellas».

BIOLUMINISCENCIA

La bioluminiscencia era otro componente visual de la primera entrega que regresaba. Esta vez se ve debajo del agua y otorga a las criaturas y al coral un aspecto aún más sobrenatural. El fenómeno se acentúa durante la temporada de eclipse, un acontecimiento que espoleó a Dylan Cole y su equipo a averiguar cuándo y cómo cuando se percibe. «Provocó un montón de preguntas, como ¿cuál es la función de una cantidad determinada de luz? ¿O se encuentran en algún tipo de ritmo diurno, circadiano, que les dice que se despierten en determinados momentos? —comenta Cole—. Es evidente que con un eclipse a medio día no tiene sentido, así que acabamos decidiendo que ocurría en función de la luz disponible».

EXTREMO SUPERIOR: **Diseño conceptual de nautiloide** | Zach Berger y Dylan Cole
ARRIBA: **Diseño conceptual de coral bioluminiscente** | Steven Messing
DERECHA: **Diseño conceptual de coral bioluminiscente** | Dylan Cole

EL ECLIPSE

Durante el desarrollo de Pandora, James Cameron tuvo la idea de una temporada de eclipse en la luna. Dos veces al día, la alineación de las lunas y Polifemo provocaría un eclipse. Dylan Cole explica que por razones prácticas tuvieron que encontrar un equilibrio entre la física y lo que el público espera visualmente de un eclipse.

«En nuestro sistema solar se da la extraña coincidencia de que vistos desde la Tierra durante un eclipse, la Luna y el Sol tienen casi el mismo tamaño relativo, pese a que sus tamaños reales son desproporcionadamente distintos —explica Cole—. En el cielo, ese tamaño aparente parece casi el mismo, por lo que disfrutamos de ese efecto casi único de "anillo de diamantes". En realidad, si el sol de Pandora, Alfa Centauri, desaparece tras un gigante gaseoso, se daría una oscuridad total, quedaría oculto. No habría luz que se filtrase por los bordes. Pero solemos pensar en eclipses como una imagen determinada, así que tuvimos que mezclar. Lo que sugerimos fue que cuando el sol aparece, y cuando desaparece, obtenemos un poco de ese efecto halo. En este caso, el argumento es que Polifemo, el gigante gaseoso, posee una atmósfera fina pero activa, de modo que hay muchos gases capaces de atrapar la luz residual. Y también hay irregularidades, como llamaradas solares».

IZQUIERDA: Diseño conceptual del eclipse desde la Ensenada de los Ancestros | Steven Messing y Dylan Cole
ARRIBA: Diseño conceptual de la flota de la RDA durante el eclipse | Dylan Cole

ESCONDITE DE LO'AK Y TSIREYA

James Cameron quería que Dylan Cole y su equipo ilustraran las áreas
en torno a la aldea metkayina para que los personajes las exploraran.
Crearon entornos en las áreas que formaban las terrazas naturales en
la base de los manglares. Cameron pidió también un cenote, que al
principio Cole imaginó como un sumidero marino o «agujero azul».
El director imaginaba una especie de plataforma natural que llevaría
al mar abierto. Cole comenta de esas ilustraciones: «John Park acertó
plenamente con esta zona, como un estanque creado por mareas, en
la que te puedes colocar al borde del arrecife y zambullirte decenas
de metros. Aunque parece sencillo, pasó por muchísimas revisiones».

ARRIBA: Ilustración para el escondite | Finnian MacManus
DERECHA: Diseño conceptual de cenote | John Park
PÁGINA OPUESTA: Diseño conceptual submarino de cenote | Steven Messing

ENSENADA DE LOS ANCESTROS

Los requerimientos de James Cameron incluían las montañas flotantes sobre el océano en una ensenada junto a un cenote. Dylan Cole explica que las pruebas iniciales se basaron en visualizaciones de la primera entrega, incluidos estudios del director artístico Steven Messing. Pero Cole acabó encontrando la manera de crear un espacio en el que los personajes pudieran actuar por encima y por debajo de las islas flotantes, así como bajo el agua. «Recordé los arcos que había en el Árbol de las Almas, en *Avatar*, y busqué la manera de trasladarlos a la gruta, aunque de un modo diferente. De este modo, las islas flotantes, con sus formas aplanadas de losa, parecen integrarse mejor con los arcos. Si bien en su momento no lo sabíamos, esta sería la ilustración definitiva de la ensenada, y la base para el vocabulario y diseño de los arcos».

IZQUIERDA: **Diseño conceptual de la Ensenada de los Ancestros** | Dylan Cole
EXTREMO SUPERIOR: **Diseño conceptual subacuático de las islas flotantes** | Dylan Cole
ARRIBA: **Árbol de los Espíritus e islas flotantes** | Steven Messing

IZQUIERDA: **Diseño conceptual del Árbol de los Espíritus en la Ensenada de los Ancestros** | Steven Messing
ARRIBA: **Diseño conceptual del Árbol de los Espíritus en la Ensenada de los Ancestros** | Dylan Cole

CAMPAMENTO ALTITUD

El Campamento Altitud es una base guerrillera en las montañas flotantes. Dylan Cole asegura: «Es una base militar. Esta pequeña aldea está situada en una gran gruta en una de las montañas flotantes, donde debido a las perturbaciones del gigantesco campo magnético no puede ser detectada por satélites. Humanos y na'vi viven unos junto a otros y comparten recursos». Cole cuenta que según Cameron, el rasgo definitorio de este lugar era que se trataba de una cueva a la que se accede desde un gran abismo inferior. «La cueva está iluminada por los reflejos de las luces de la selva y las nubes que hay debajo –cuenta–. Acertar con este aspecto resultaba crucial para Jim. Dado que la principal fuente de iluminación procedía de abajo, esto creó una iluminación única y espectacular. Tuvimos cuidado de emplear el mismo lenguaje arquitectónico, y a veces incluso las mismas estructuras, que empleamos en la aldea omatikaya. Tan solo trasladamos sus principios de construcción de raíces y ramas a rocas flotantes».

IZQUIERDA: Diseño conceptual del Campamento Altitud | Steven Messing
EXTREMO SUPERIOR: Diseño conceptual del Campamento Altitud | Steven Messing
ARRIBA: Fotocomposición del biolaboratorio del Campamento Altitud | Jonathan Bach

ARTESANÍA OMATIKAYA

Todo lo que los na'vi usan en su vida cotidiana está creado a medida
por los hábiles artesanos de su comunidad. Las diferencias en diseño y
utilidad de los objetos cotidianos constituyen un modo sutil de mostrar la
adaptación única de cada clan a su entorno y medio natural. Dylan Cole
señala que en estos estudios de jarras, vasos y cestos de los omatikaya,
«las culturas na'vi comparten muchas similitudes de diseño en cuanto a
sus formas básicas: líneas fluidas, elegancia, asimetría, carencia de ángulos
rectos, etc. Pero las diferentes culturas cobran presencia en el modo
en que se gestionan y detallan esas formas. Los metkayina son grandes
tejedores, y su trabajo es más detallado y decorativo que el de los
omatikaya».

DERECHA Y ABAJO: **Diseños conceptuales de cestas** | Jonathan Bach

PÁGINA OPUESTA, ARRIBA, IZQUIERDA: **Diseño conceptual de jarra** | Wētā Workshop
PÁGINA OPUESTA, ARRIBA, DERECHA: **Diseño conceptual de cesta** | Saiful Haque
PÁGINA OPUESTA, ABAJO: **Diseño conceptual de cuenco de madera** | Wētā Workshop

CREACIONES DE LOS OMATIKAYA

Para ambos clanes, que obtienen de su entorno los materiales que
emplean para todo, un modo de vida basado en la artesanía es esencial.
Según Dylan Cole, las creaciones omatikaya reflejan la estética básica
establecida en *Avatar*, que fue actualizada para la secuela. Para *A2*, las
instrucciones eran mostrar diseños na'vi más rigurosos. «Intentamos
muy conscientemente evitar líneas y constructos humanos —explica Cole
de su enfoque actualizado—. Deseábamos experimentar con patrones
más complicados e interesantes que resultaran específicos de los na'vi».

Cole aclara que para los nuevos arneses para *ikran* (derecha) se
basaron en los diseños originales de *Avatar* debido a su buena ergonomía
y mecánica. «Nuestras variaciones fueron sobre todo estéticas, para darle
más variedad a los arreos —afirma—. También teníamos una escena en el
Campamento Altitud con Spider quitando los arreos a su *ikran*, y teníamos
que inventar un sistema sencillo de hacerlo. Acabamos usando una trabilla
de hueso que funcionó perfectamente. También introdujimos algunos
puntos de amarre para que en su viaje de los bosques al arrecife pudieran
transportar una buena cantidad de bienes».

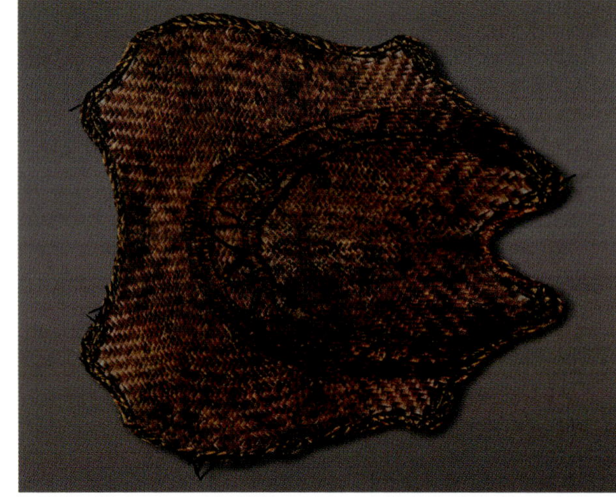

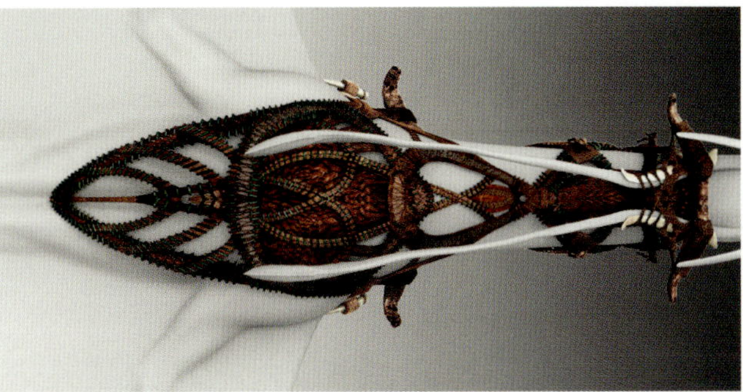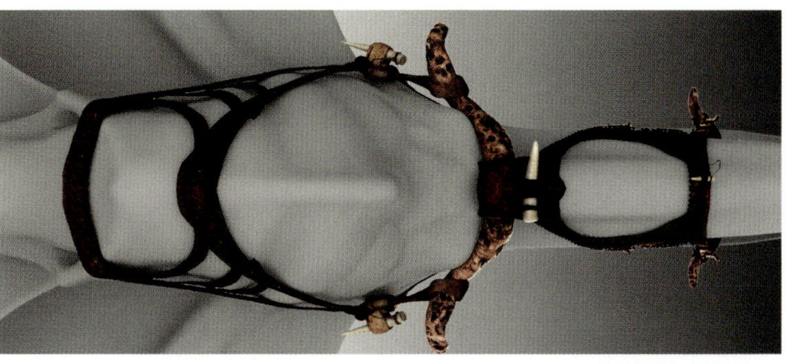

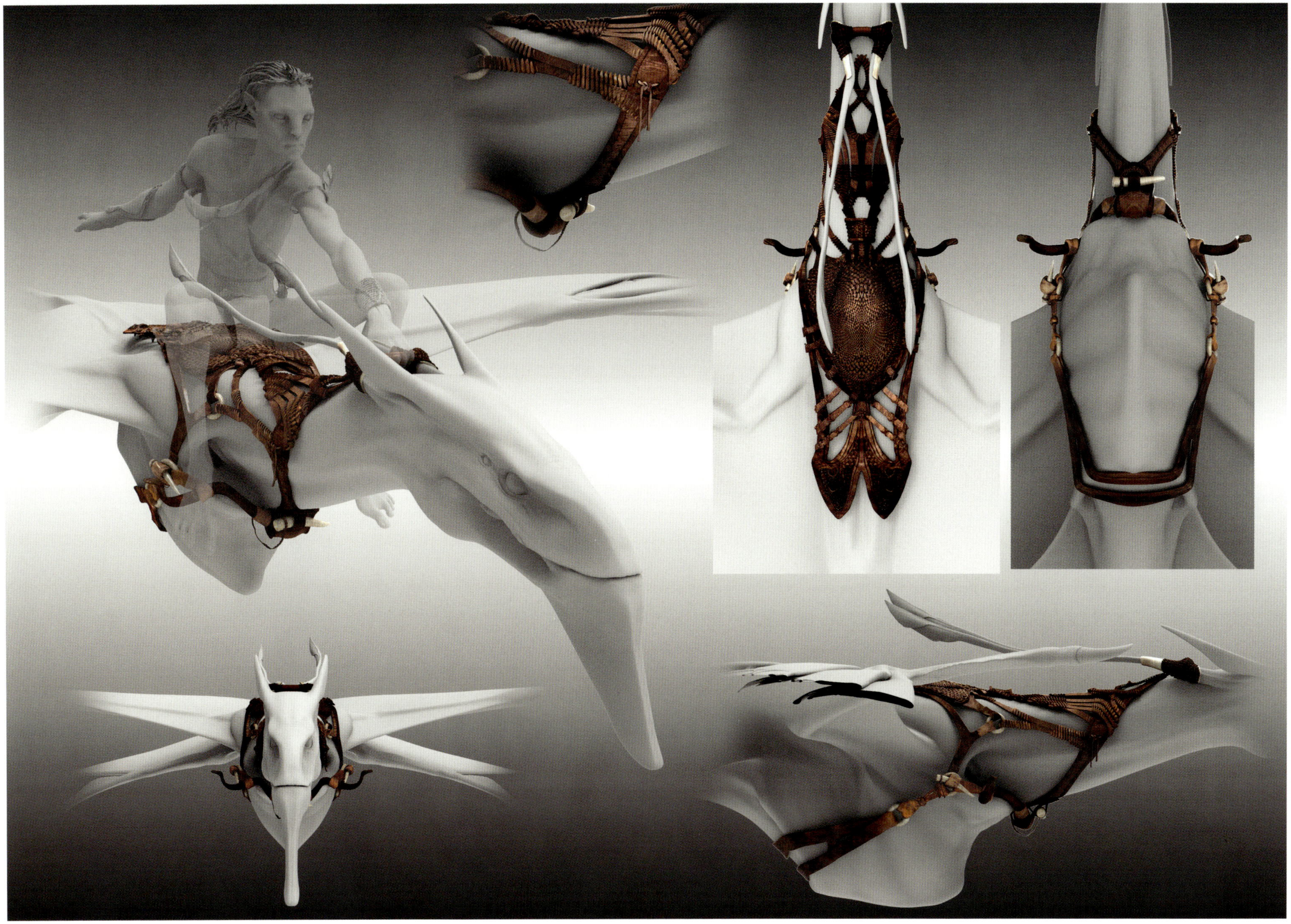

ARRIBA: Diseño conceptual de aterrizaje por grúa aérea | John Park

EL REGRESO DE LA RDA

Tras perder su batalla contra los omatikaya al final de *Avatar*, la mayor parte de los humanos fueron expulsados de la luna de Pandora. Para la RDA, la guerra no acabó allí. En los 14 años transcurridos desde ese conflicto, se ha reforzado, está mejor financiada y ha sido creativa en su implacable persecución de los recursos naturales de Pandora.

Ben Procter, jefe de diseño de producción, y su equipo de diseñadores e ilustradores tenían la tarea de visualizar sutilmente más de una década de progreso tecnológico humano. Los diseños finales subrayarían el impacto cinematográfico del momento en que la RDA desatara su imponente potencia de fuego contra los na'vi.

James Cameron preparó las reuniones de planificación de la RDA con un detallado catálogo de potenciales barcos, vehículos y armas. Uno de sus conceptos era el programa Recom, una versión militarizada del Programa Avatar. Estos soldados autónomos, similares a avatares, fueron creados mezclando ADN na'vi con ADN de los mejores soldados de la RDA. Antes de morir, el coronel Miles Quaritch (Stephen Lang) había tomado parte en el programa. En las secuelas regresa como Recom —en forma na'vi—, lo que le permite continuar su misión de eliminar obstáculos como Jake Sully y los na'vi de la luna, rica en recursos naturales.

«Los informes de Jim eran muy claros y nos dieron un punto de partida —dice Procter de sus primeros contactos con ideas y especificaciones técnicas de la RDA—. Nos retó a crear más juguetes de los que realmente necesitábamos, por lo que algunos acabaron desechándose. Pero buena cantidad de ellos se quedó. Y él bautizó a los que se quedaron, como el Cernícalo y la Avispa de Mar. Ya estaban en su primera lista».

Había multitud de conceptos mucho menos detallados, por lo que a medida que el equipo de diseño de la RDA enseñaba a Cameron diseños completos que se revisaban cada tres meses, la fase de desarrollo se convirtió en unos muy fértiles años de ensayo y error. Procter cuenta el proceso: «En ese período se podía tener un excelente inicio con todo un montón de cosas, y después obtener una respuesta. Cada fase influye en las otras. Al final uno acaba encontrando los límites de la tecnología».

Dado que en *Avatar* la tecnología humana se basa en desarrollos del mundo real, como inspiración para lo que la RDA emplearía en esta actual encarnación, Procter y su equipo se vieron inmersos en investigaciones en profundidad acerca de maquinaria de guerra histórica y actual. Con respecto a su metodología, Procter dice: «Nos dimos cuenta de que la tecnología militar estaba de algún modo adaptada a Pandora, pero también que se basaba fuertemente en tecnología terrestre».

Con esa lógica, Procter examinó la tecnología de los aviones furtivos F-22 y F-35 para crear la aeronave de nueva generación de la RDA. «Usamos algunos de los motivos visuales, como la línea lateral amarilla y el cristal tintado en las cabinas, y los empleamos con colores distintos en el Cernícalo y la Avispa de Mar».

EXTREMO SUPERIOR, IZQUIERDA: **Diseño conceptual de la flota ISV de desembarco** | Fausto De Martini
EXTREMO SUPERIOR, DERECHA: **Diseño conceptual de la criocripta del ISV *Vindicator*** | John Park y David Levy
IZQUIERDA: **El ISV *Manifest Destiny* hace descender su módulo de aterrizaje** | Fausto De Martini
ARRIBA: **Esbozo de la refinería de Cabeza de Puente** | Ben Procter

PÁGINA DOBLE SIGUIENTE: **Diseño conceptual: espiando Cabeza de Puente desde la atalaya** | Ben Procter

CABEZA DE PUENTE

A fin de ser más eficaz en sus misiones minera y de expolio de recursos, la RDA establece una base permanente en Pandora llamada Cabeza de Puente. Ben Procter asegura que su huella funcional y geográfica es totalmente utilitaria. Su gigantesco diseño circular cubre grandes franjas de zonas construidas en tierra firme y en el mar, y es una imponente exhibición de fuerza para intimidar a los na'vi. Procter explica: «El propósito de Cabeza de Puente es ser una zona de construcción. Y tiene mucho que ver con los humanos sugiriendo que van a construir una nueva ciudad en un instante. Una especie de "que te den, Eywa"».

PÁGINA OPUESTA: Diseño conceptual del plano de Cabeza de Puente | Ben Procter y Jonathan Berube

DERECHA: Diseño conceptual de los barracones de Cabeza de Puente | Fausto De Martini

ABAJO: Diseño conceptual del astillero de Cabeza de Puente | Ben Procter

EXTREMO INFERIOR: Diseño conceptual: el general Ardmore visita Cabeza de Puente | Fausto De Martini y John Park

IZQUIERDA: Diseño conceptual de la zona de construcción de Cabeza de Puente | David Levy

ABAJO: Esbozo de Cabeza de Puente *(feedback)* | James Cameron

ABAJO, IZQUIERDA: Diseño conceptual del almacén de Cabeza de Puente | Ben Procter

ABAJO, DERECHA: Diseño conceptual de la construcción de la muralla de Cabeza de Puente | David Levy

EXTREMO INFERIOR, IZQUIERDA: Diseño conceptual de la muralla defensiva | Andrea Onorato

EXTREMO INFERIOR, DERECHA: Diseño conceptual del espigón | Shari Ratliff

PÁGINA OPUESTA: Pintura de la puerta oceánica de Cabeza de Puente | Ben Procter y LEI Lab

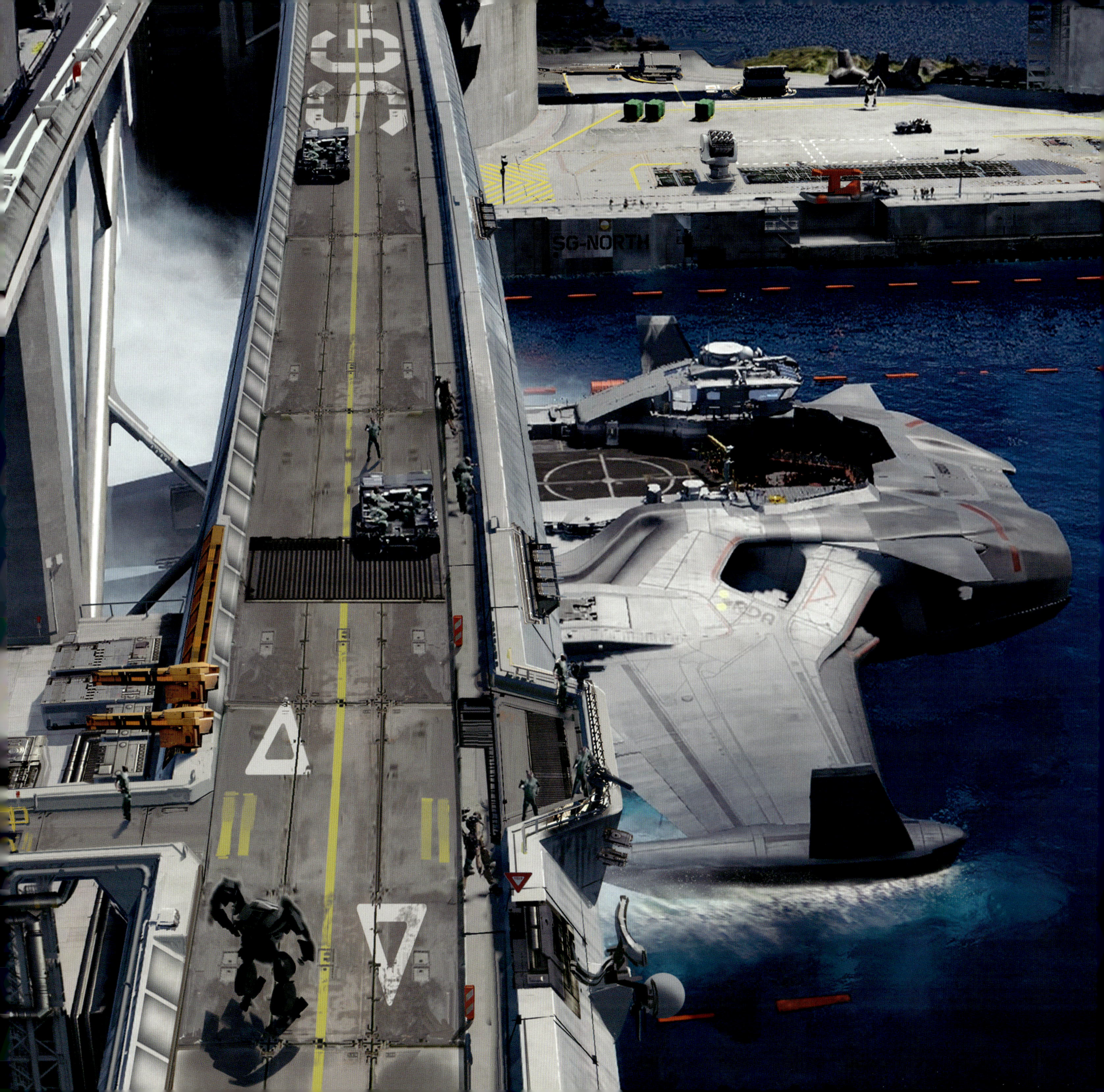
SG-NORTH

MAQUINARIA PESADA Y ENJAMBRES DE ENSAMBLADORES

Cabeza de Puente está repleta de maquinaria pesada de la RDA. Ben Procter explica: «Toda la maquinaria de la RDA se basa en ejemplos de la vida real, reconfigurados para darles nuevas funciones y "personalidad" extra. La excavadora A1 es, básicamente, una excavadora con forma corporal y una "cara", lo que le da un aspecto musculado y casi animal. La grúa móvil que Fausto De Martini ideó para *A2* toma la idea de la grúa y dobla su utilidad al convertirla en dos grúas operando simultáneamente sobre una veloz base con tres ruedas. El resultado de esta reconfiguración, y de las decisiones de diseño de Fausto, es otro vehículo lleno de interés y personalidad. Posee un aire casi de mantis por cómo sostiene en alto los brazos, y las tres ruedas gigantes forman un poderoso conjunto de formas de soporte».

Los robots autónomos de construcción se utilizan para acelerar procesos. El que vemos en esta primera secuela es el hexabot pesado.

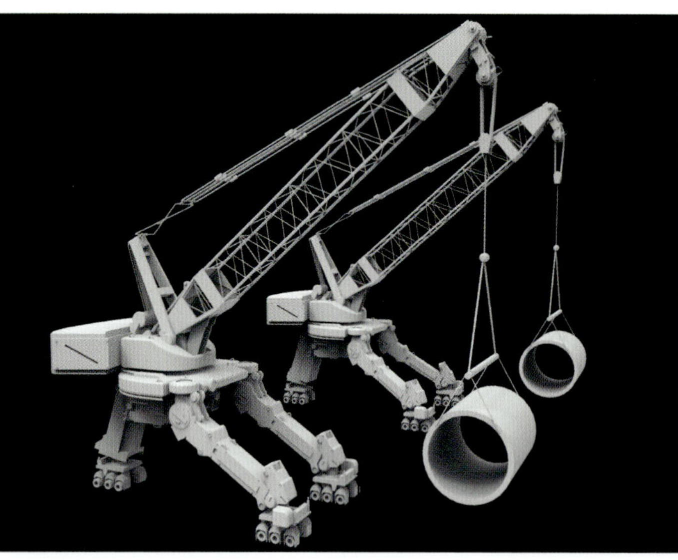

IZQUIERDA: Diseño de megagrúa de Cabeza de Puente | James Chung

ABAJO: Diseño conceptual de grúa móvil | Fausto De Martini

PÁGINA OPUESTA, ARRIBA, IZQUIERDA: Diseño conceptual de hexápodo | Fausto De Martini

PÁGINA OPUESTA, ARRIBA, DERECHA: Diseño conceptual de quadbot | Fausto De Martini

PÁGINA OPUESTA, ABAJO: Enjambre de ensambladores robóticos | Fausto De Martini

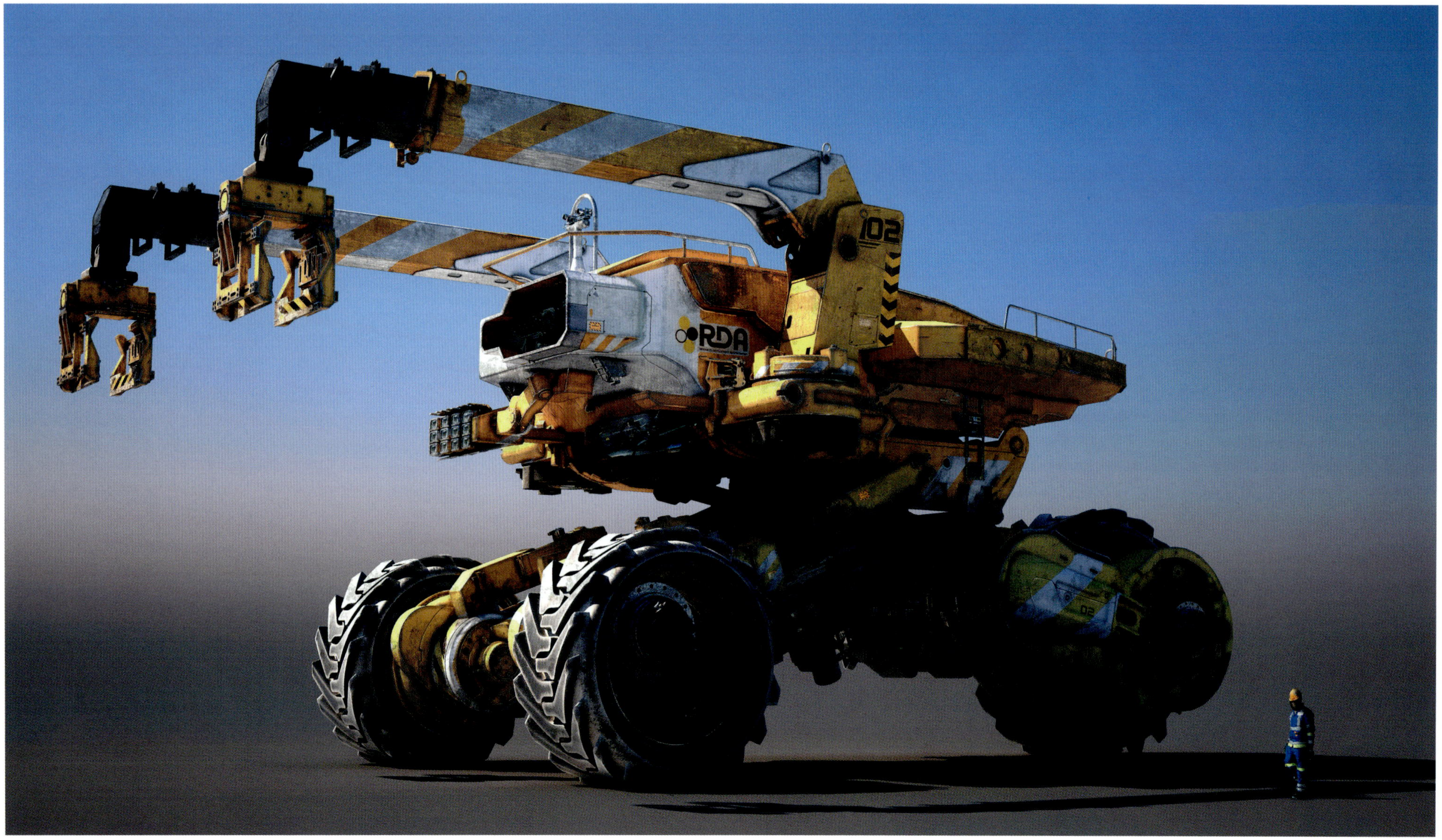

VESTUARIO DE LA RDA

En preproducción, cuando el equipo de vestuario de Deborah L. Scott comenzó a trabajar, Procter compartió con ellos parte de las ilustraciones creadas en las reuniones con Cameron. Incluían elementos del mundo real que el director quería ver integrados en los uniformes de la RDA mientras se encontraban en Pandora. Scott recuerda: «Hubo muchas ilustraciones en las que Ben y sus artistas vestían a personas con diferentes trajes. Utilizábamos como guía trocitos de información que sacábamos de esas ilustraciones. La mayoría del material compartido vino en forma de logos e insignias de la RDA, porque en algunos trajes habría los mismos gráficos que que en la maquinaria».

A diferencia de con los clanes na'vi, en *A2* la visualización que hizo Scott de los personajes humanos tenía menos que ver con la creatividad desatada y más con enfatizar la brutal diversidad en las unidades de la RDA y entre los humanos enviados a Pandora.

A la hora de decidir cuánto habían cambiado las prendas y uniformes humanos, Cameron afirma que buscaba cambios sutiles. «Queríamos que la especie humana fuera reconocible con facilidad; en cierto sentido podríamos darlos por sentado –dice–. Lo mismo con la estética de su indumentaria. Hay muchos detalles realmente perfectos en su vestuario, pero no buscamos que causen impresión o te dejen boquiabierto. La gente viste camisas y corbatas. Los detalles pueden variar en cosas específicas, pero el resultado general es bastante reconocible porque queríamos tener una referencia de lo que resulta exótico en el mundo de Pandora».

ARRIBA, DERECHA Y EXTREMO, DERECHA: Tres diseños conceptuales de prendas del Centro de Operaciones de la RDA en Cabeza de Puente | Wētā Workshop
EXTREMO SUPERIOR: Diseño conceptual de pizarra electrónica | Jonathan Berube

PÁGINA OPUESTA, ARRIBA: Diseño conceptual de cascos de construcción | Wētā Workshop
PÁGINA OPUESTA, ABAJO: Diseño conceptual de zona de obras | John Park

Cameron prosigue: «El reto de Deb era resultar innovadora y creativa con un vocabulario altamente reconocible. Había que conseguir que en función de lo que se usa en la realidad, los militares parecieran emplear equipo militar realista».

Scott concretó esa idea en un diseño que implica que en lo que hace referencia a su misión, los humanos tienden a cerrar filas. «A su regreso a Pandora, vienen bien preparados…, o al menos creen que vienen muy bien preparados. Es todo más belicista. Vienen impolutos. Ordenados».

Es una mentalidad ejemplificada por la general Ardmore (Edie Falco), a cargo de la operación de la RDA en Pandora, incluido el programa Recom, cuya misión es eliminar en Pandora todo impedimento por parte de los nativos. «Es una general de cuatro estrellas, es la líder. A través de ella se ve un poco más el toma y daca entre los llamados militares y los ejecutivos que dirigen la organización que apoya a los militares. El complejo industrial es muy complicado, pero uno empieza a ver la jerarquía».

Para los humanos ligados a la empresa, dieron a Scott una idea inicial de cómo sería la moda de la época, que fue la inspiración de algunas combinaciones clave. «Hay también un guiño a los personajes ya establecidos en la primera entrega». Bob Buck, diseñador asociado de vestuario, se unió al equipo de Scott para ayudar con los trajes de los humanos en escena real.

Con respecto a cómo representaron a los soldados humanos, Scott afirma que esta vez partieron de cero: «Tuvimos que volver a empezar. ¿Cuál será el camuflaje de los nuevos uniformes? Lo que cambiamos desde *Avatar* es notable. La RDA se ha renovado y va a presentar batalla. Los humanos saben más de Pandora que nunca antes. Debíamos vestir a una gran cantidad de solados con uniformes nuevos que reflejasen este nuevo enfoque de la conquista del planeta».

Los uniformes de los Recom, por ejemplo, son un camuflaje de selva basado en su experiencia previa luchando contra los omatikaya. Scott dice que probaron una versión urbana del mismo camuflaje, pero acabaron prefiriendo tener solo un uniforme estandarizado para los soldados. «En conjunción con las maquetas, atrezo y equipos de vestuario de Wētā Workshop 3D, creamos los prototipos de todos los uniformes y atrezo de imagen real, que luego se trasladaron a versiones digitales».

ARRIBA: Diseño conceptual del chaleco de ingeniero naval de la RDA | Wētā Workshop
DERECHA, ARRIBA Y ABAJO: Diseño conceptual de marinero raso | Wētā Workshop
EXTREMO, DERECHA: Diseño conceptual de piloto de Avispa de Mar | Wētā Workshop

PÁGINA OPUESTA, HILERA SUPERIOR: Diseños de cascos de los SecOps | Wētā Workshop
PÁGINA OPUESTA, EXTREMO, IZQUIERDA, CENTRO: Diseños de insignias de la RDA | Wētā Workshop
PÁGINA OPUESTA, EXTREMO, IZQUIERDA, ABAJO: Diseño de camuflaje | Wētā Workshop
PÁGINA OPUESTA, CENTRO, IZQUIERDA: Diseño conceptual del traje de la general Ardmore | Wētā Workshop
PÁGINA OPUESTA, CENTRO, DERECHA: Diseño conceptual del traje de oficial de SecOps | Wētā Workshop
PÁGINA OPUESTA, EXTREMO, DERECHA: Diseño conceptual del traje de coronel de SecOps | Wētā Workshop

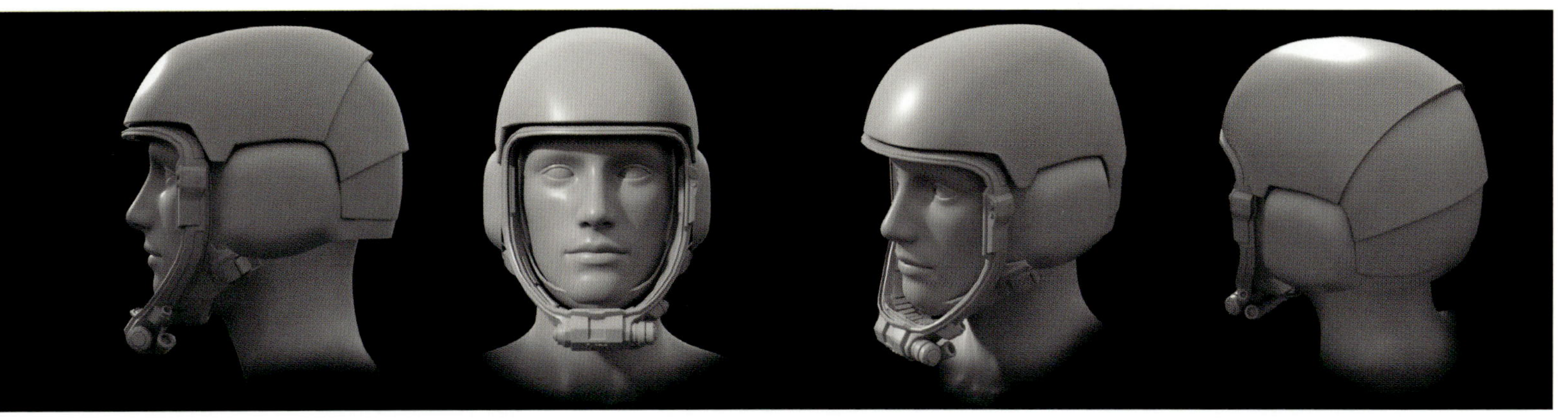

BSO

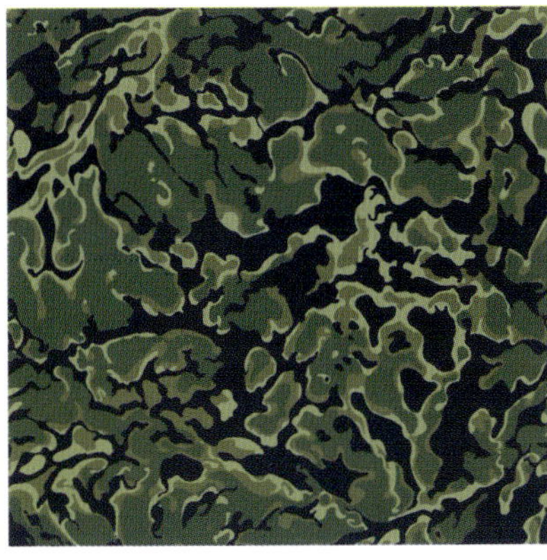

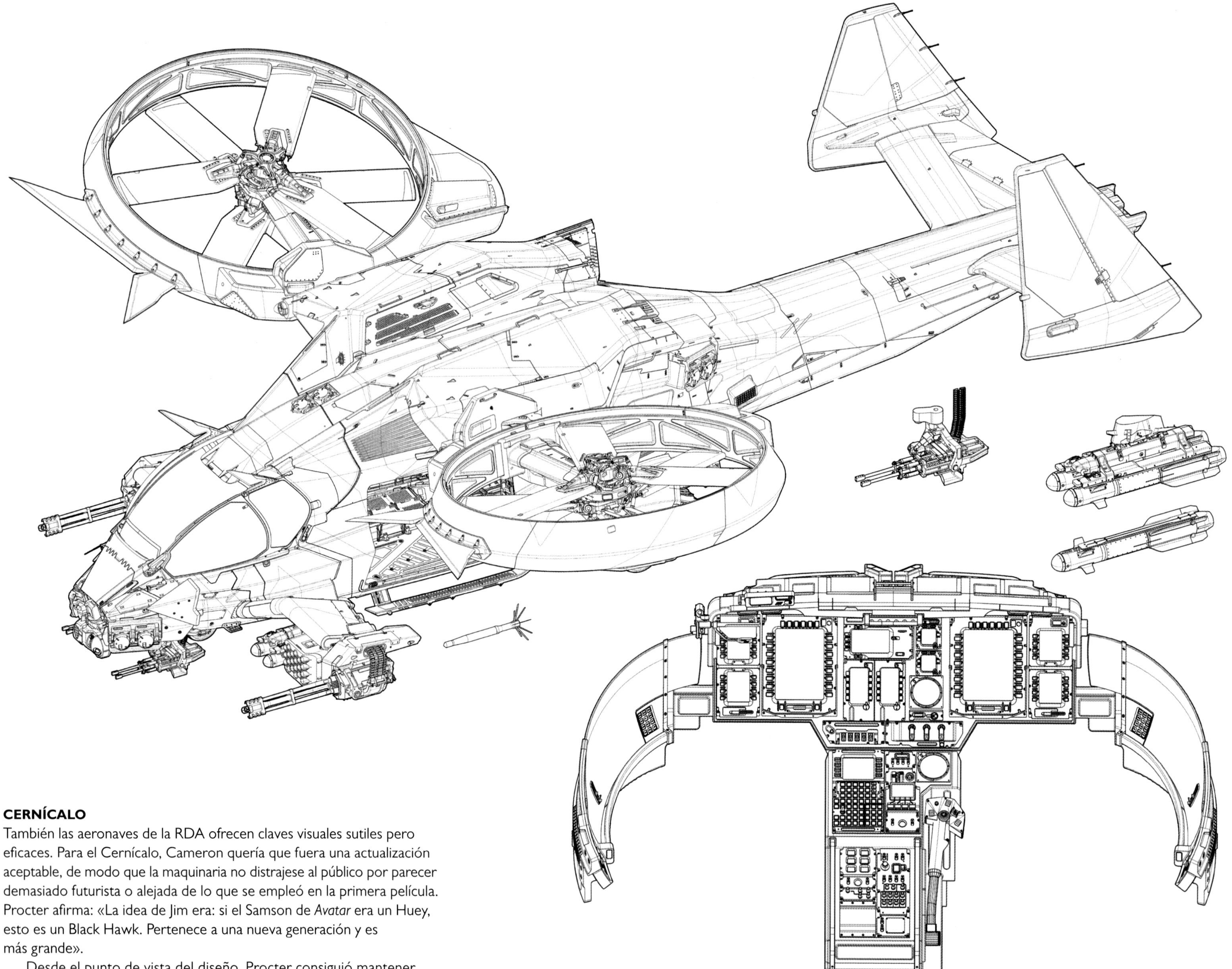

CERNÍCALO

También las aeronaves de la RDA ofrecen claves visuales sutiles pero
eficaces. Para el Cernícalo, Cameron quería que fuera una actualización
aceptable, de modo que la maquinaria no distrajese al público por parecer
demasiado futurista o alejada de lo que se empleó en la primera película.
Procter afirma: «La idea de Jim era: si el Samson de *Avatar* era un Huey,
esto es un Black Hawk. Pertenece a una nueva generación y es
más grande».

Desde el punto de vista del diseño, Procter consiguió mantener
el aspecto orgánico de la tecnología en los ojos insectoides de la nave.
«Tomé una foto de un helicóptero Cobra visto desde delante, con su
cabina muy redondeada, y jugué con el Photoshop hasta acabar con
este efecto de dos ojos de insecto a los lados. Es ahí donde, con suerte,
la referencia y las ideas se unen de un modo ideal. Tomas ideas de
aviones reales, como la forma de un helicóptero o la pintura de un
avión a reacción, y las moldeas de tal modo que las haces parecer
insectoides, y acentúas mucho ese principio».

ESTA PÁGINA: Maqueta exterior final y panel de instrumentos del Cernícalo | Haisu Wang

PÁGINA OPUESTA, ARRIBA, IZQUIERDA: Estudio del interior del Cernícalo | Fausto De Martini, Rob Johnson y Haisu Wang

PÁGINA OPUESTA, ARRIBA, DERECHA Y ABAJO: Diseño conceptual del Cernícalo | Jonathan Berube y Haisu Wang

PÁGINA DOBLE SIGUIENTE: Diseño conceptual del Cernícalo | Ben Procter

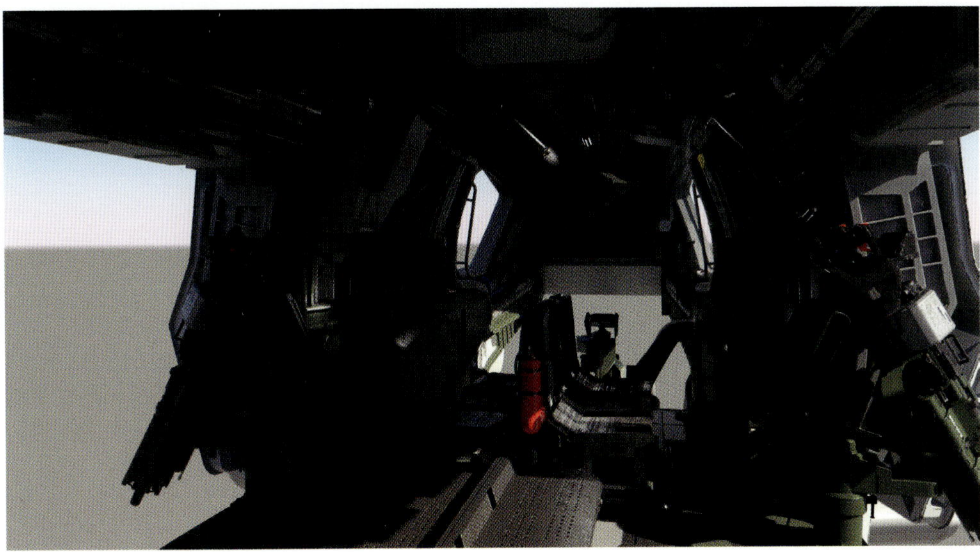

EXTREMO SUPERIOR, IZQUIERDA: **Diseño conceptual de la cabina de la Avispa de Mar** | Joe Hiura y Jonathan Berube

EXTREMO SUPERIOR, DERECHA: **Fotograma clave de cabina de la Avispa de Mar** | Jonathan Berube y Joe Hiura

ARRIBA: **Diseño conceptual de la pista de despegue** | Fausto De Martini

PÁGINA OPUESTA: **Diseño conceptual de la Avispa de Mar** | Fausto De Martini

PÁGINA DOBLE SIGUIENTE: **Diseño conceptual del centro de operaciones de Cabeza de Puente** | Paul Ozzimo y Cantina

AVISPA DE MAR

Diseñado para ser una notable mejora de las cañoneras Escorpión que la precedieron, la Avispa de Mar es un aparato de nueva generación con bastante más agilidad y empuje que el visto en *Avatar*. Ben Procter cuenta que sus requerimientos eran sugerir que representaba «un cambio generacional de aeronaves, que reflejara la dedicación de la RDA para tomar Pandora a gran escala. Reflejan que estamos en la era del caza furtivo F-35, no en la del helicóptero Huey».

Usada sobre todo para misiones de apoyo a la Marina, su coloración exterior es un gris metálico que en misiones acuáticas la hace más difícil de distinguir. Otra manera de diferenciar la cañonera fue darle una apariencia y una silueta esbeltas. «La Avispa de Mar recuerda más a un caza de reacción que a un helicóptero –dice Procter–. El cristal de cabina tiene un recubrimiento dorado que recuerda a los cazas F-22 y F-35. Y, por primera vez, colocamos un sistema de dobles rotores adosados a cada lado de la aeronave».

PANTALLAS HOLOGRÁFICAS Y TECNOLOGÍA DE CABINA

En el corazón del centro de mando de la RDA se encuentra el Centro de Operaciones de Cabeza de Puente, el núcleo de comunicaciones para las misiones ejecutadas en Pandora. Es donde humanos, líderes militares y Recom se reúnen para planear, ordenar y supervisar las misiones en tiempo real. Por tanto, la tecnología es un componente vital para sus objetivos y ambiciones de expansión, y está integrada en todas las facetas de sus vidas cotidianas.

Los hologramas están por todas partes, no solo en el Centro de Operaciones, sino también en dispositivos portátiles y generadores de holografías. Para Cameron, en esta secuela era importante que el público percibiera cómo la RDA había avanzado haciendo de sus pantallas y tecnología extensiones de sus uniformes. Cameron explica: «En ocasiones podía tratarse de gafas o de pequeñas holopantallas integradas en su vestuario. Es todo bastante sutil. No pasamos mucho tiempo llamando la atención hacia ello; queremos que sea algo natural».

En cuanto a los generadores de holografías, Cameron dice que los concibieron como imágenes dobles, algunas de ellas como hologramas flotantes: «La gente los atraviesa al caminar, los transporta, los mira o los proyecta frente a sus ojos desde gafas y cosas así. Viven inmersos en ellos todo el tiempo; su mundo funciona como una especie de RA (realidad aumentada)».

La RDA usa toda una gama de tecnologías visuales para la comunicación entre departamentos, vehículos, personal, soldados y Recom. Ben Procter cuenta que tuvieron que actualizar todos los terminales y pantallas de la primera *Avatar*, y después crear el aspecto de la tecnología holográfica integrada de la RDA.

En el filme se usan tabletas de próxima generación, que en términos de funcionalidad y diseño general constituyen grandes actualizaciones. Procter aclara: «En la primera película las tabletas tenían un único diseño sencillo. Estas son mucho más detalladas, con una elegante construcción en aluminio con un acabado anodizado negro, obra de Wētā Workshop. Las hay de diferentes "sabores": la científica, por ejemplo, es blanca. Las de construcción son de color amarillo. La idea es que las diferentes ramas del servicio poseen, por así decirlo, sus colores específicos. En nuestro departamento de arte también creamos muchos diseños para hologramas y gráficos. El diseñador gráfico Zach Fannin trabajó en las líneas básicas de estos sistemas gráficos. Pero el grueso del trabajo final que se ve en la película lo hizo una empresa llamada Cantina. Y el plato fuerte de los gráficos es el concepto de holonúcleo del Centro de Operaciones. En esta película tenemos hologramas que se pueden atravesar, de modo que es interesante pensar en la composición de esas cosas».

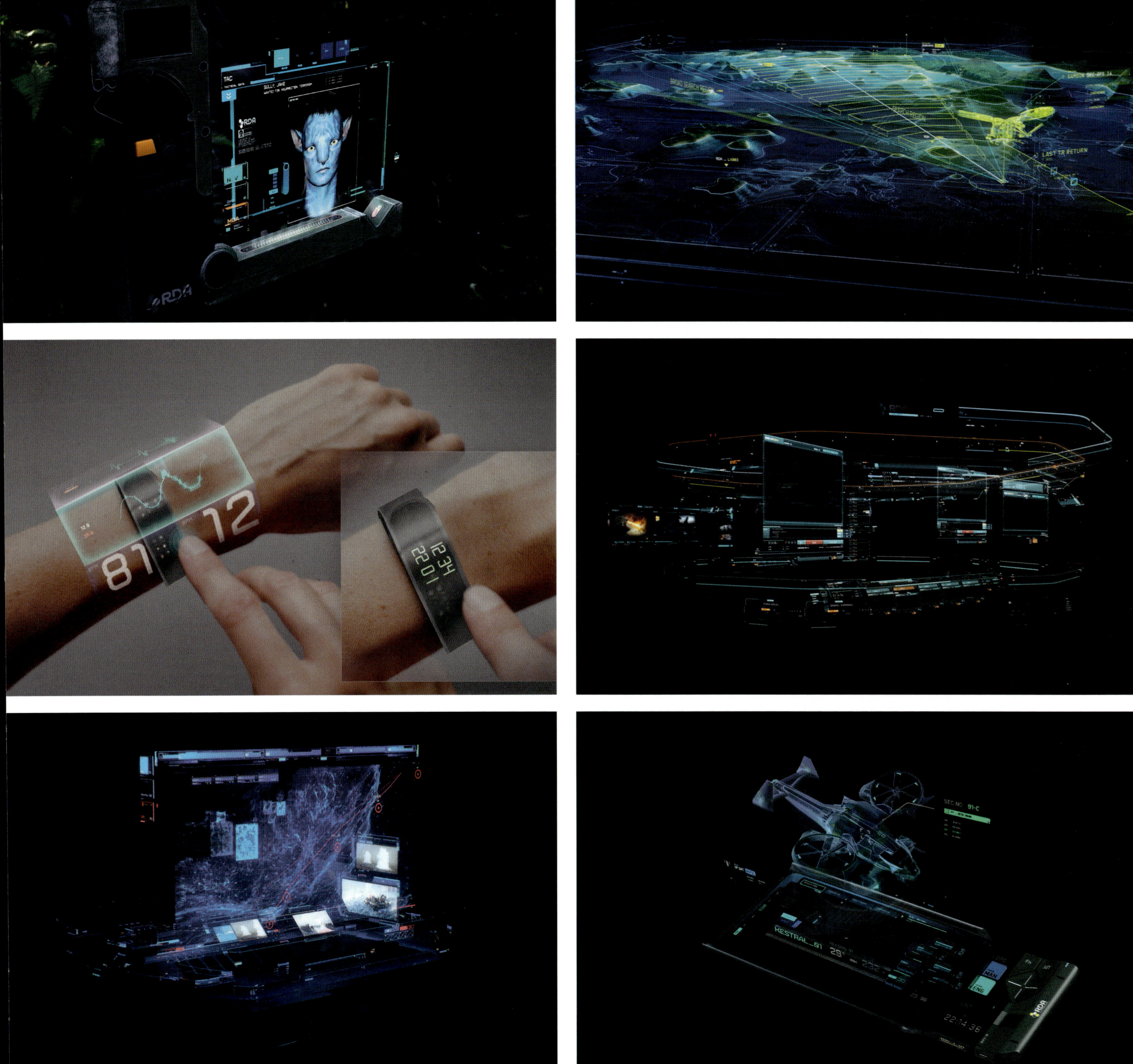

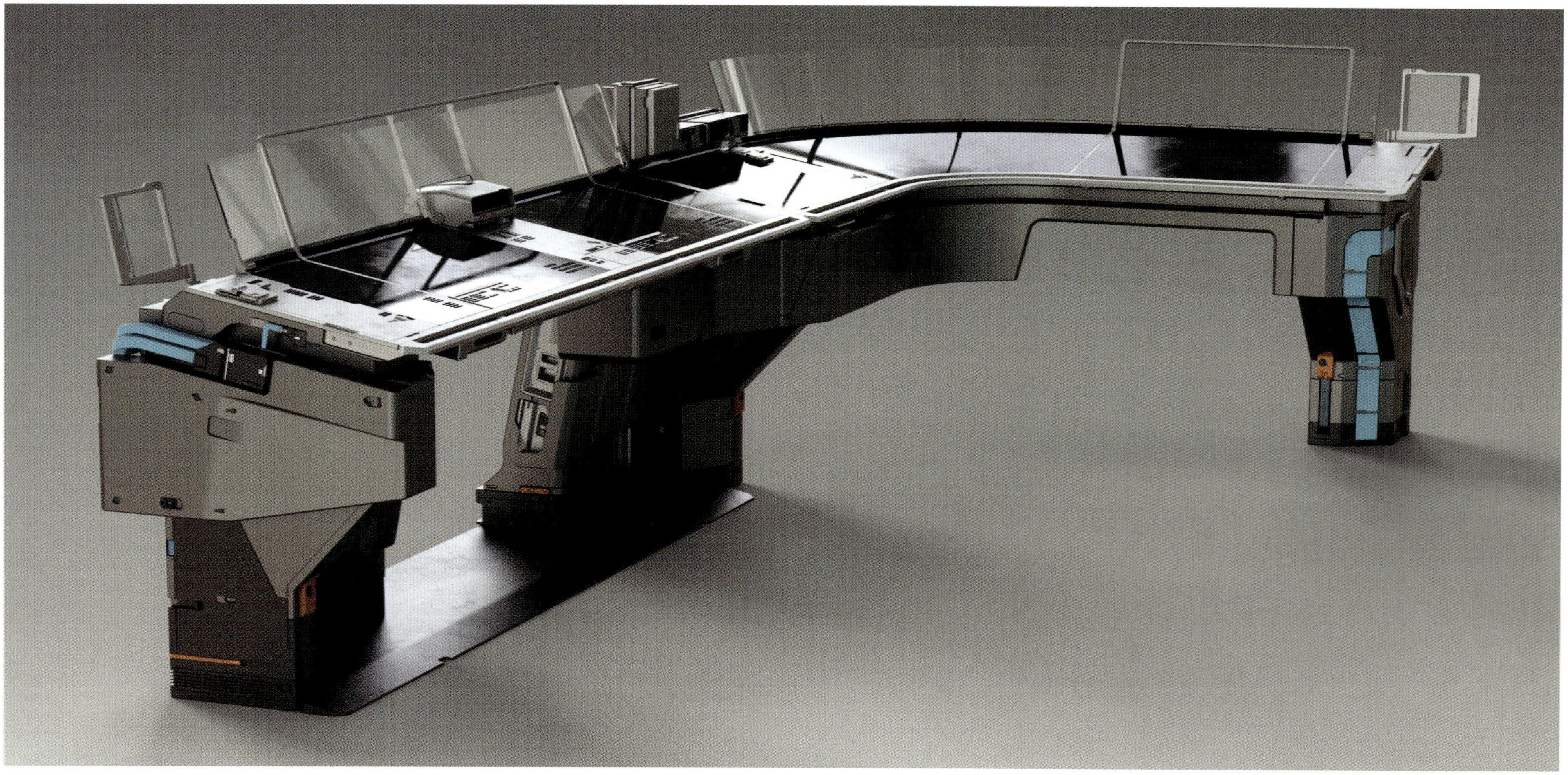

HOLOPROYECTORES Y CONSOLAS

Presentes en casi todas las escenas que contienen equipamiento, planificación o comunicaciones, las consolas son en apariencia uno de los elementos más incidentales de la tecnología en general de la RDA. Ben Procter dice que la mayoría descuida el diseño de las consolas porque nadie ha hecho una película acerca de una, y comenta: «Pero eso no es del todo cierto: en las películas de ciencia ficción, el diálogo y los momentos informativos y de descubrimiento tienen lugar ante una consola. Consolas y pantallas funcionan como una hoguera virtual que reúne a los actores para que sea más fácil encuadrarlos juntos. En las tomas, este tipo de elementos son esenciales, pues estarán junto al actor y le darán importancia».

Procter prosigue: «Para nosotros, Haisu Wang es la persona que merece la gloria y nuestras condolencias por dedicar gran parte de su vida a estas consolas. El inmenso trabajo necesario para llegar a este sistema y su modularidad, así como llevar la cuenta de las distintas versiones que se emplearían lo volvió loco».

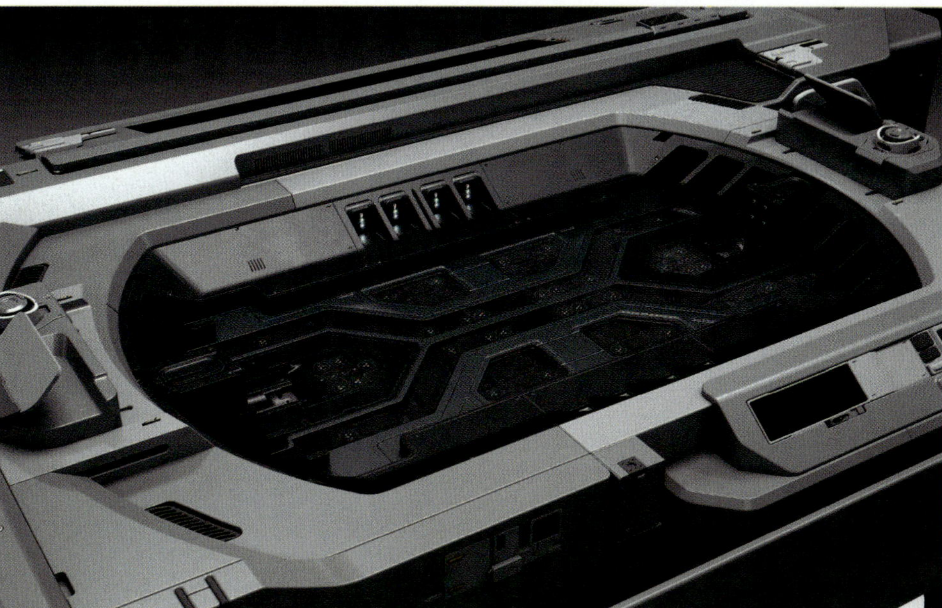

ARRIBA: Diseño conceptual de la primera conexión de Neteyam con Eywa en el Claro de los Sauces | Steven Messing

LA FAMILIA SULLY

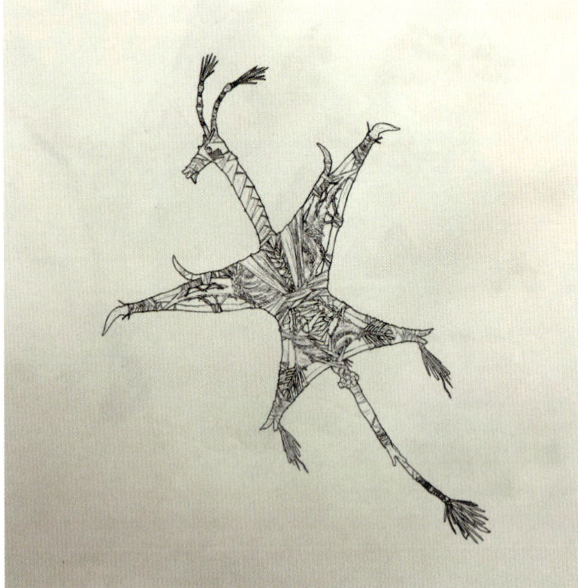

Al inicio de la nueva película de *Avatar*, el público se reencuentra con Jake Sully y Neytiri, que llevan años juntos y son padres. En estos 14 años han incorporado a la familia a su hijo mayor, Neteyam (Jamie Flatters); su hermano menor, Lo'ak (Britain Dalton); la hija mayor, Kiri (Sigourney Weaver); su hermana preadolescente, Tuktirey (Trinity Bliss) y a Miles *Spider* Socorro (Jack Champion), un niño humano adoptado por el clan omatikaya.

Con el objetivo de representar fielmente el paso del tiempo en los cuerpos y las caras de los personajes, James Cameron encargó a John Rosengrant y Legacy Effects que fueran meticulosos en su aspecto final. «Había que averiguar cómo envejecer de un modo elegante a Jake y Neytiri», dice Cameron del trabajo que les asignó.

El director prosigue: «Después les tocaba crear la fisiología de los dos chicos, Lo'ak y Neteyam. De un vistazo puedes ver que son adolescentes. Es importante que los encarnen adolescentes, pero también debes comunicarlo en el diseño del personaje».

Legacy Effects también se encargó de traspasar los rasgos físicos de Sigourney Weaver, que en *Avatar* interpretó a la doctora Grace Augustine, a la cara de la adolescente na'vi Kiri, el personaje que interpretará en las secuelas. Ya en preproducción, Landau pidió a Weaver fotos y películas de su infancia para ayudar a representar físicamente a su personaje. «Cuando empezó el proceso, Sigourney tenía sesenta y muchos, y tenía que interpretar a una chica de quince años –explica Cameron de la revelación sorpresa en la familia Sully–. Nos preguntamos: ¿cómo mantenemos la esencia de Sigourney en un personaje quinceañero? Lograr con precisión un aspecto joven no fue algo fácil. ¿Qué dice a los ojos que están ante un adolescente antes siquiera de que el personaje abra la boca?».

Cameron añade que Joseph Pepe, el diseñador de personajes, tuvo un enorme papel en el aspecto de la familia Sully: «Sus diseños fluían en el cabello, en los *kuru*, en el maquillaje. Nos presentó personajes plenamente desarrollados. No sé cómo se le ocurren todas esas ideas».

El trabajo de Deborah L. Scott y su equipo fue el otro componente necesario para que el público se reencontrara con personajes existentes o conociera a los nuevos miembros de la familia Sully. Pero el papel de Scott no se limitó al vestuario. Landau explica: «Un personaje se define por su aspecto total, del vestuario al pelo y el maquillaje. Encargamos a Deb que liderara el equipo creativo en esos aspectos. Sus apariencias dicen mucho no solo de dónde se encuentran en cuanto a edad, sino también como reflejo visual de sus distintas personalidades».

Con respecto a la idea general de su departamento, Scott asegura: «Cada una de las prendas posee una narrativa propia. Siempre tenemos en cuenta dónde está el personaje, no solo en cuanto al entorno, sino también en cuanto a su viaje narrativo personal. Cada detalle de sus prendas, su cabello y su maquillaje contiene estas ideas filosóficas y artísticas y las pone en juego visualmente».

ARRIBA: Diseño conceptual de *ikran* de juguete | Daphne Yap
DERECHA: Diseño conceptual de la familia Sully | Steven Messing

Avatar fue la guía visual para el clan omatikaya y la familia Sully. En esa película, los personajes empleaban materiales del bosque y a Eywa para definir su estética visual personal. Scott explica: «El vestuario de un omatikaya refleja colores que uno vería en el bosque. Tienden a ser muy sencillos, y sus prendas no exhiben grandes adornos: telas tejidas lisas, pieles o cosas similares que pueden decorarse».

La primera decisión que tomó Scott como guía fue establecer un estilo para la familia Sully como unidad. «¿Qué tipo de cosas reverencian; qué tipo de cosas les disgustan? ¿Qué es lo que los mantiene unidos, de modo que tengan un aspecto común? Y después, incluso dentro de esa estructura, se trató de crear conexiones entre madre e hija, padre e hijo y entre los hermanos».

ARRIBA: Los niños de la familia Sully juegan | John Park

DERECHA: Kiri y Lo'ak se pelean | John Park

EXTREMO, DERECHA: Diseño conceptual de la familia Sully | Joseph C. Pepe

NEYTIRI

En la cima del árbol genealógico de los Sully está la matriarca Neytiri, a la
que Scott considera la más reacia a adaptarse. Afirma que esto se hace
evidente en la primera parte de la secuela, en la que su ropa y cabello
reflejan alteraciones muy sutiles de su anterior aspecto en *Avatar*. Tan
solo cuando se ve obligada a abandonar su hogar su aspecto exterior
sufre cambios más radicales.

JAKE

El aspecto de Jake se reduce a que todo sea funcional y tenga
un propósito. «Jake ni piensa en ello —dice Scott entre risas—.
No cambia hasta que se ve literalmente obligado; es un símbolo
de su integración en los metkayina».

PÁGINA OPUESTA, ARRIBA, IZQUIERDA: Diseño conceptual de Neytiri embarazada
| Steven Messing

PÁGINA OPUESTA, ABAJO, IZQUIERDA: Busto de Neytiri | Legacy Effects

PÁGINA OPUESTA, ABAJO, CENTRO: Diseño conceptual de Neytiri | Joseph C. Pepe

PÁGINA OPUESTA, DERECHA: Ilustración para vestuario de
Neytiri | Wētā Workshop

ARRIBA Y DERECHA: Ilustraciones para vestuario de Jake
| Wētā Workshop

La transición definitiva de la familia llega en la primera parte
de la película, cuando deben abandonar su hogar y comenzar su
monumental viaje en busca de uno nuevo. Para esta secuencia visten
prendas específicas de viaje, y Jake luce un poncho personalizado.

Scott explica: «Jim siempre consideraba que este era el momento
Clint Eastwood de Jake, porque realmente proporciona carácter.
Sería uno de los primeros ponchos o capas en nuestra paleta de
diseño. Jake lo lleva porque durante el viaje iban a necesitar algo
protector. Necesitarían una capa, un abrigo, algo que los resguardase
de los elementos, de modo que era una idea meramente práctica.
Luego la idea se extendió a los demás miembros de la familia, y fue la
entrada a los diseños de capas y capelinas de los demás na'vi». Scott
señala que la capa de Spider es similar a la de Jake, lo que implica
profundas conexiones y lazos emocionales.

EXTREMO SUPERIOR: Diseño conceptual de acantilados junto al mar | Steven Messing

ARRIBA: Esbozo de Neytiri y niño montando un *ikran* | Keith Christensen

DERECHA: Diseño conceptual de vestuario de Neytiri | Wētā Workshop

PÁGINA OPUESTA, ARRIBA, IZQUIERDA: Diseño conceptual de vuelo en los Acantilados del Poder | Steven Messing

PÁGINA OPUESTA, ARRIBA, DERECHA: Los Sully vuelan hacia el arrecife | Dylan Cole

PÁGINA OPUESTA, CENTRO, IZQUIERDA: Muestra del poncho de Jake | Wētā Workshop

PÁGINA OPUESTA, ABAJO, IZQUIERDA: Foto de vestuario de capa | Wētā Workshop

PÁGINA OPUESTA, ABAJO, DERECHA: Esbozo para vestuario de Jake montando un *ikran* | Keith Christensen

KIRI

A medida que los Sully se adentraban en la cultura metkayina, el equipo de vestuario introducía más inspiraciones del mundo natural en las técnicas y materiales inherentes a este nuevo clan. «Una de las primeras cosas hacia las que tendimos fue a imágenes microscópicas de plantas —explica Hana Scott-Suhrstedt, la ayudante de jefa de vestuario—. Como una célula de tilo o de pino…, de modo que lo microscópico se magnifica con su conexión a Eywa. Se trata de esta idea de que todos somos células (lo grande, lo pequeño y lo mediano), pero para el modo de pensar de los na'vi, no suena científico. Suena a conexión espiritual».

Kiri en particular aplica ese concepto a su aspecto, y de un modo muy orgánico transiciona hacia la adopción de los usos de los metkayina. «Es la que antes se adapta a su nuevo entorno y su nueva cultura —afirma Scott—. Lo digo porque desde el inicio Kiri es una coleccionista».

ESTA PÁGINA: **Diseño conceptual de Kiri** | Legacy Effects

PÁGINA OPUESTA, IZQUIERDA: **Diseño conceptual del busto de Kiri** | Legacy Effects

PÁGINA OPUESTA, DERECHA: **Diseño conceptual de Kiri** | Joseph C. Pepe

«Mientras pasea por el bosque o el arrecife recoge objetos que añade a sus colecciones o a sus ornamentos personales. Tiene una fuerte conexión con Mo'at [interpretada por CCH Pounder] y sigue evolucionando a lo largo de su trayectoria personal».

Scott dice que la actriz Sigourney Weaver se implicó mucho con el estilo de Kiri y con su propensión a coleccionar cosas. Scott recuerda: «Hablábamos sobre Kiri y los ornamentos que recogía y coleccionaba. Cuando ella paseaba por el taller casi parecía que fuera Kiri. Muchos de los vestidos de Kiri son como amuletos. Son una colección de objetos que ella habría hallado, recogido y añadido, en especial durante su juventud, de manera que a medida que avanzábamos intentamos recordar eso».

«El aspecto de Kiri en el arrecife contiene la espiral que Jim considera su símbolo. Se trata de uno de esos elementos que llegaron más tarde en el proceso. Habíamos experimentado mucho con distintos tipos de materiales, de modo que encajó con mucha facilidad. Lo único que cambiamos fue la concha en el centro de la espiral».

DEBORAH L. SCOTT

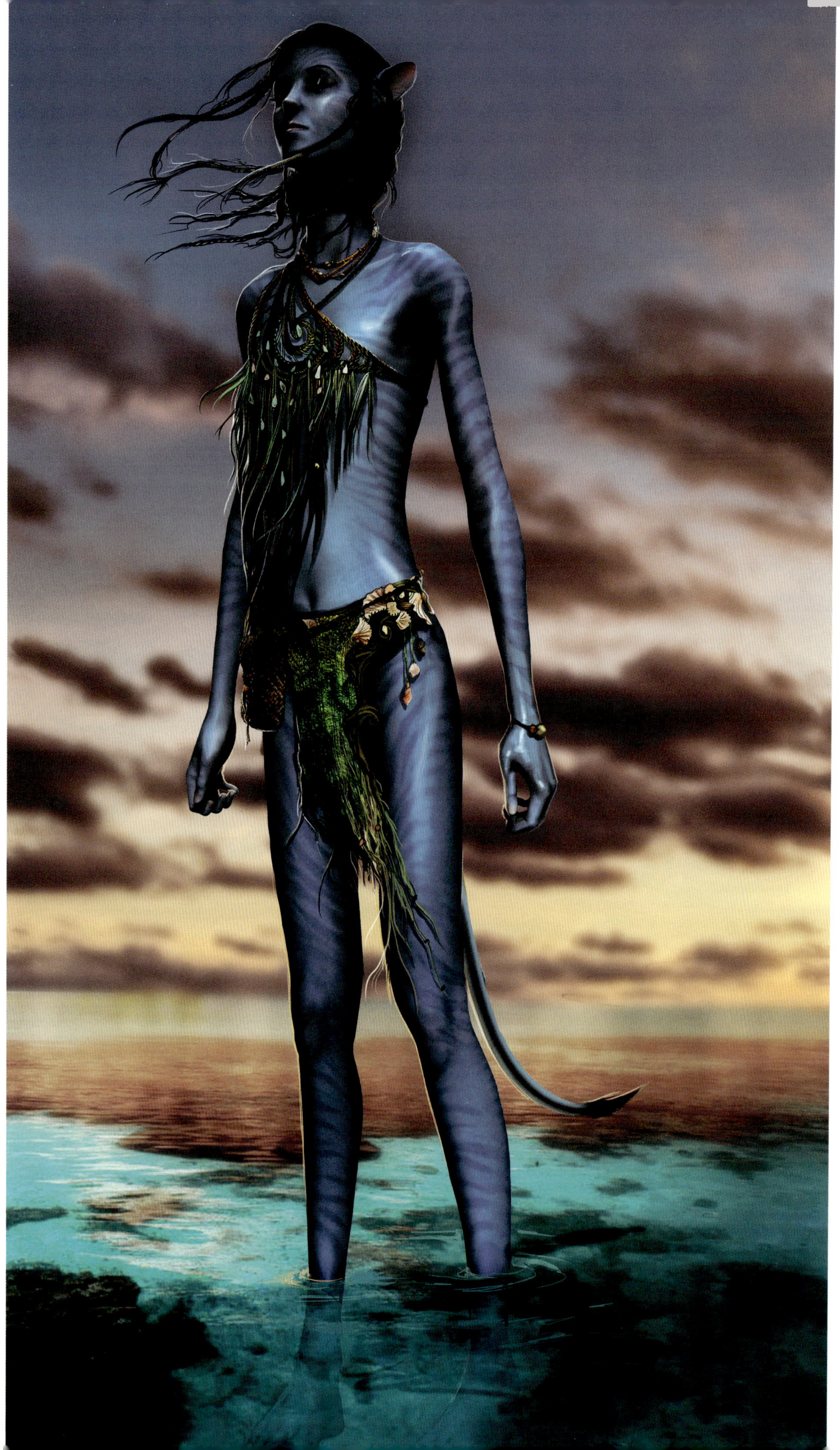

IZQUIERDA: Diseño conceptual de Kiri | Wētā Workshop
EXTREMO SUPERIOR: Diseño conceptual del tejido del chal de Kiri | Wētā Workshop
ARRIBA: Muestras del tejido del chal de Kiri | Wētā Workshop

NETEYAM

Deborah L. Scott y su equipo se centraron en detalles que definieran temas visuales para cada hijo de la familia Sully. En el caso de Neteyam, era su posición como primogénito. Dice: «Es hermoso, es diestro y sus padres lo adoran. Dado que accedió a la mayoría de edad en la sociedad omatikaya, ha adoptado sus símbolos de adultez, como el fajín y la diadema. A pesar de que sigue los pasos de su padre, emocional y espiritualmente está profundamente conectado con su madre y su cultura, lo que se puede ver en sus prendas».

TUKTIREY *(TUK)*

Tuk es el bebé de la familia. Scott la describe como «un pequeño duende feliz», y es el personaje principal más joven que los equipos visuales han animado, lo que siempre es un cambio positivo. Scott explica: «Para subrayar su edad, los vestidos de Tuk son coloridos y minimalistas. En su vestimenta intenta emular a su madre y su hermana, y una vez en el arrecife, vemos también la influencia de Tsireya en sus prendas. Podemos imaginar que tanto Kiri como Tsireya ayudaron a hacer algunos de sus vestidos, pues ella quiere imitar a las chicas mayores».

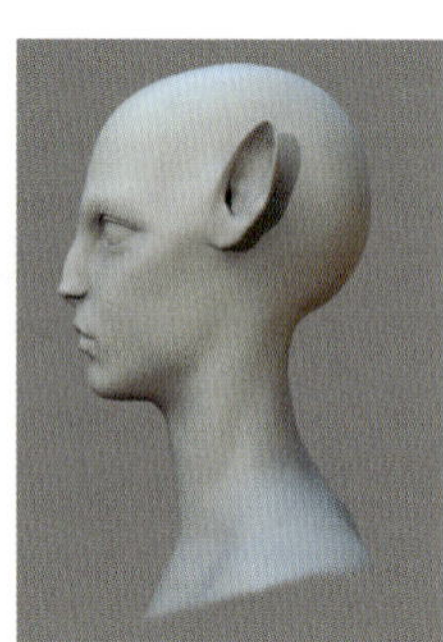

ARRIBA: Diseño conceptual de vestimenta de Neteyam | Wētā Workshop

DERECHA, ARRIBA Y CENTRO: Diseño conceptual de Neteyam | Legacy Effects

DERECHA, ABAJO: Diseño conceptual de Neteyam | Joseph C. Pepe

EXTREMO SUPERIOR, IZQUIERDA: Diseño conceptual de adorno de Tuktirey | Keith Christensen

EXTREMO SUPERIOR, DERECHA: Diseño conceptual de Tuktirey | Legacy Effects

ARRIBA: Diseño conceptual de Tuktirey | Joseph C. Pepe

LO'AK

Como deja claro la narración de la secuela, Lo'ak, el segundo hijo
de los Sully, vive a la sombra de Neteyam. «Ha manifestado una
vena rebelde al intentar encontrarse a sí mismo», explica Scott.
«El primer signo externo que vemos es su peinado. Pero también
es el primero de la familia Sully en adaptarse plenamente al arrecife.
¿Se debe a que lo encuentra encantador –incluida su relación con
Tsireya– o porque finalmente tiene la oportunidad de romper
con su familia, y sobre todo con su padre, y definirse a sí mismo?».

ARRIBA: Diseño conceptual de personajes montando en *ilus* | Jonathan Bach

EL CLAN METKAYINA

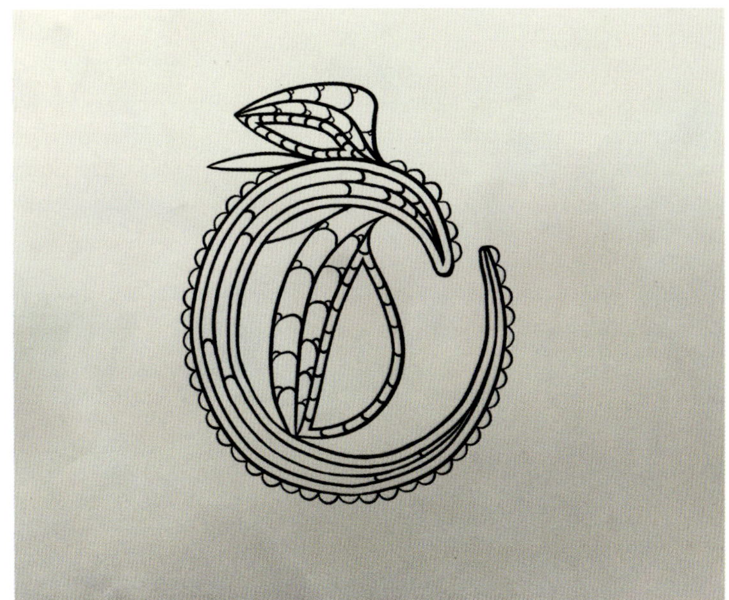

Tanto para los personajes como para el público, cuando la familia Sully llega a la aldea metkayina, todo en este nuevo entorno ejerce un enorme contraste con los bosques tropicales de Pandora. La paleta cromática de la región; el modo en que visten los metkayina o el tono del azul de su piel…, todo ello narra una historia visual que define el mundo de este clan basado en el agua.

James Cameron dice que pasó mucho tiempo con su equipo definiendo la ciencia del clan metkayina, de manera que pudieran comprender cómo se relacionarían con su entorno en todos los aspectos. «Decidimos llevar a los metkayina más lejos que lo que habíamos hecho con los omatikaya –dice Cameron–. Para la primera película queríamos una identificación fácil. Pero para la segunda quise ir un poco más allá en cuanto a fisiología».

Dado que los metkayina pasan la mayor parte del tiempo en el agua, Cameron y su equipo realizaron un largo y detallado proceso para determinar la biología y fisiología básica de estos nuevos na'vi. Cuenta: «Tuvimos que comenzar por el diseño del pueblo mismo. Era una estética total. Había funcionalidad, pero no solo a la vista: auténtica funcionalidad, porque sabíamos que los mostraríamos en agua auténtica. Así que ¿cómo nadaban? ¿Cómo se movían? Teníamos que averiguarlo todo».

Primero hubo que determinar cómo funcionaban los metkayina bajo el agua. Cameron dice que tuvieron que cubrir una detallada lista de requerimientos para sus respuestas específicas. «Nos preguntamos: ¿son una subespecie adaptada a la vida marina? No tienen branquias. No se trataba tanto de tener branquias como de funcionar más como las focas, como pinnípedos. En ese caso, ¿cómo aguantan la respiración? ¿Cómo entran y salen del agua? Y si hacen eso, ¿serán como las focas, que en tierra firme son vulnerables…? ¿O, al menos, bastante vulnerables? ¿O se trata acaso de algún tipo de humanos adaptados? Si les damos membranas en los pies, ¿estaremos ante un caso como el de la película *La mujer y el monstruo*? No, porque no se puede caminar con pies con membranas».

IZQUIERDA: Diseño conceptual de *tulkun* en la aldea metkayina | Dylan Cole
ARRIBA: Motivo metkayina | Wētā Workshop

Cameron cuenta que mientras averiguaba los rasgos fisiológicos de los metkayina, halló uno que hacía que los miembros del clan estuvieran increíblemente adaptados al medio acuático y los convertía en potentes nadadores: «Se trata de una aleta estabilizadora, una extensión en forma de pala en el antebrazo y la pierna —explica Cameron—. Aquí no hay membranas en los pies: nos alejamos de todos esos humanoides anfibios o adaptados al agua que se han visto en el pasado».

Joseph Pepe, jefe de diseño de personajes, lideró el estudio de la cola en la propulsión de los metkayina en el agua, de modo que el vestuario fuera diseñado en torno a las colas de tal modo que su movilidad no quedase restringida. Cameron aclara: «En realidad construimos mochilas propulsoras y se las pusimos a nuestros actores. Tenían un interruptor en las manos, de modo que daban una patada o brazada y activaban el propulsor, deslizándose y moviendo la cadera como si tuvieran cola. Lo llamábamos "estilo cocodrilo", porque estos mueven el trasero cuando lo hace la cola. Los actores debían nadar como si tuvieran cola. Acerca de la cola se desarrolló toda una estética, y nos preguntamos, por ejemplo, cómo integrar su funcionalidad en el vestuario».

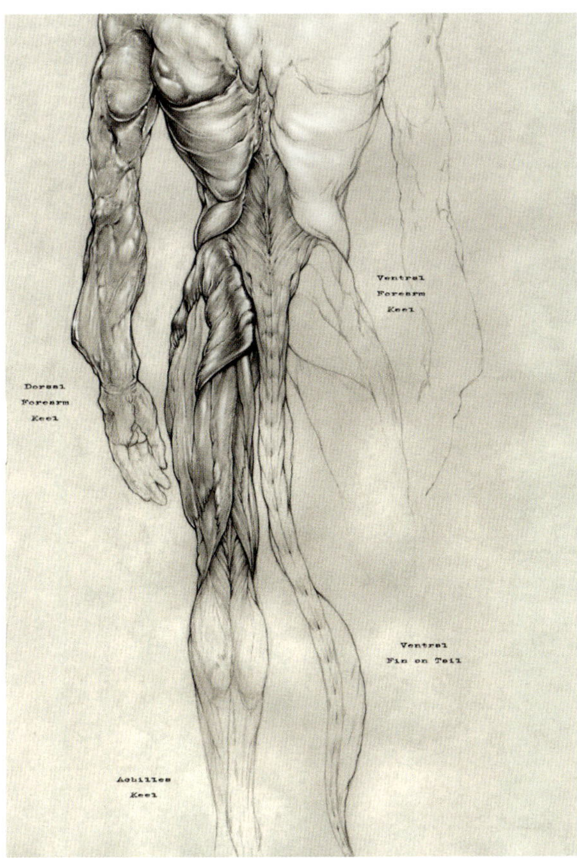

Dorsal Forearm Keel
Ventral Forearm Keel
Ventral Fin on Tail
Achilles Keel

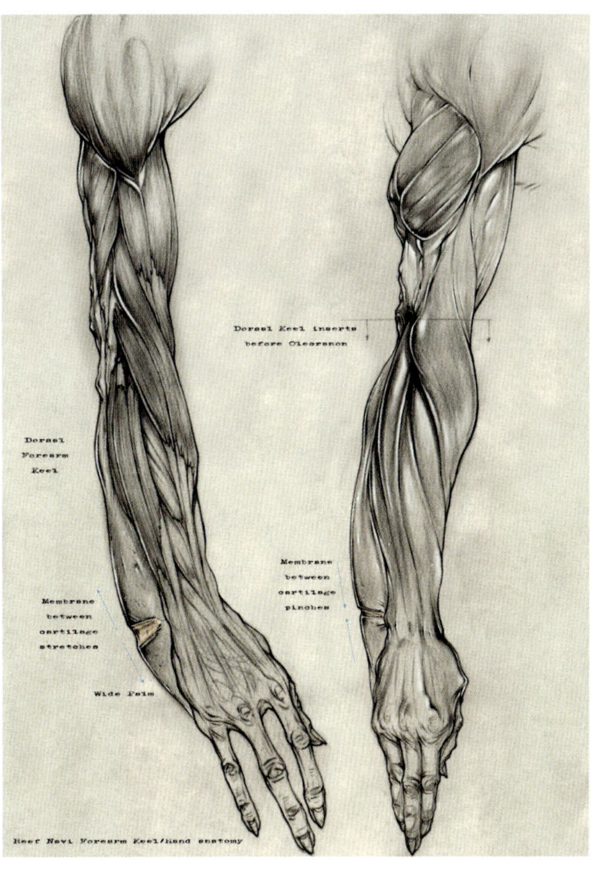

Dorsal Forearm Keel
Dorsal Keel inserts before Olecranon
Membrane between cartilage stretches
Membrane between cartilage pinches
Wide Palm
Reef Navi Forearm Keel/Hand anatomy

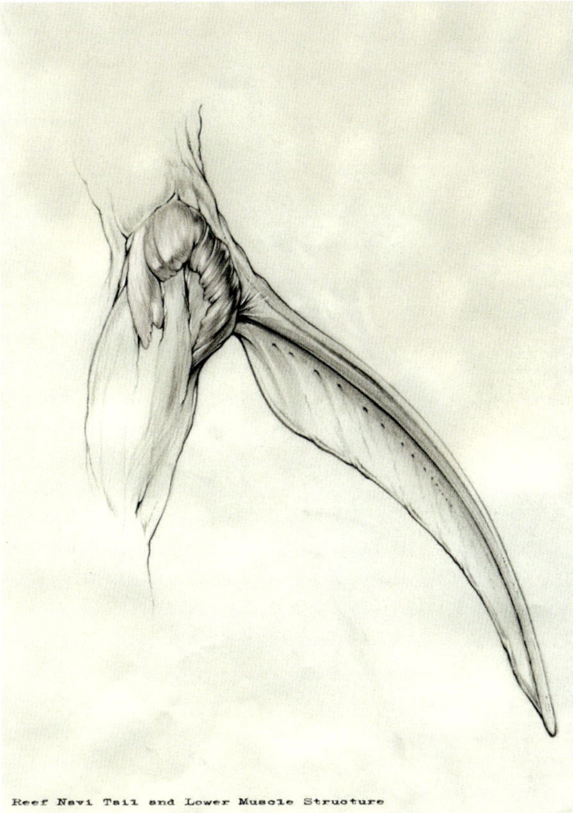

Reef Navi Tail and Lower Muscle Structure

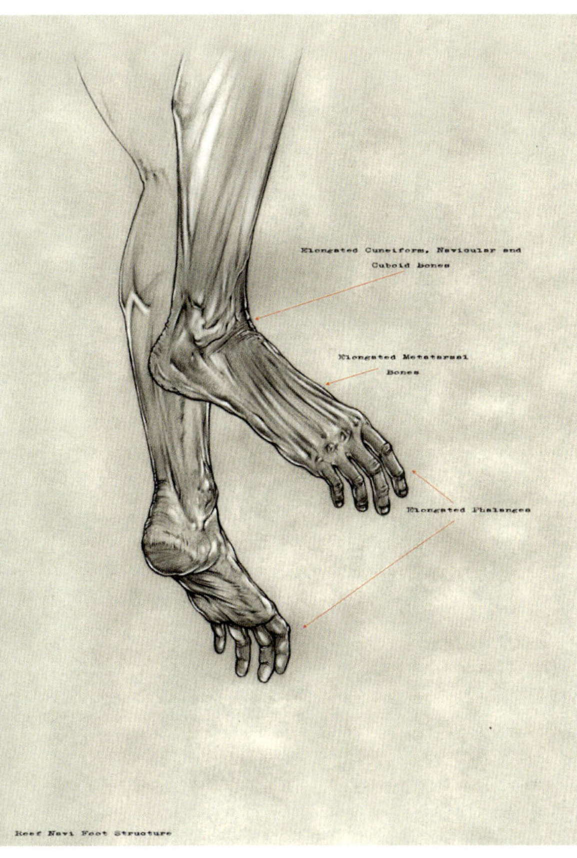

Elongated Cuneiform, Navicular and Cuboid Bones
Elongated Metatarsal Bones
Elongated Phalanges
Reef Navi Foot Structure

LA INFLUENCIA DEL MAR

La diseñadora de vestuario, Deborah L. Scott, comenzó a trabajar en los metkayina con la detallada descripción de Cameron y anotaciones adicionales basadas en su experiencia de conocimientos e investigación oceánica. Para ser concretos, Cameron no quería una apariencia de habitantes marinos de ciencia ficción. Concibió a los metkayina a partir de numerosas comunidades de nuestro planeta que viven casi exclusivamente cerca del mar o incluso en él.

«El pueblo del arrecife tiene una estética propia muy acentuada –dice Cameron–. Es muy diferente de la estética omatikaya, aunque se siente inscrita en la misma estética na'vi, que implica líneas curvas y espirales, formas que no son rectas. No están interesados en el triángulo. Tampoco están muy interesados en el círculo. Les gustan las espirales. Les gustan las formas que fluyen como la marea. En un sentido muy amplio, tienen una estética muy específica, pero aun así tuvimos que averiguar qué funcionaría bien con los metkayina».

Con esas instrucciones, Scott y su equipo llevaron a cabo una investigación intensiva de culturas isleñas del Pacífico, algo que ayudó a establecer rasgos comunes entre habitantes de muchas otras partes del mundo. «La gente fabrica cosas con lo que encuentra en su entorno, sean plantas o insectos –observa Scott–. Y todas estas culturas cercanas al agua son, creo, muy dadas a la ornamentación. Les gusta expresarse mediante colores, con pinturas, con estilos. No son nada aburridas».

Armados con estos conocimientos, Scott y su equipo iniciaron una paleta cromática para los metkayina que reflejaba los tonos del arrecife, de las criaturas submarinas y en especial de la concha de pãua. El interior de esta concha, que se halla en las aguas y orillas de muchas comunidades costeras, inspiró la base de su reino cromático. Scott explica: «No hay rojo ni negro, pero hay mil millones de otros colores y tonalidades que empleamos muy a fondo. También usamos colores de las puestas y salidas de sol que se ven en la playa».

EXTREMO SUPERIOR: **Diseños conceptuales de Tonowari** | Legacy Effects

ARRIBA: **Diseño conceptual del busto de Tonowari** | Joseph C. Pepe

ARRIBA, DERECHA: **Diseño conceptual de Tonowari y Ronal** | Joseph C. Pepe

PÁGINA OPUESTA, IZQUIERDA: **Diseño conceptual de Ronal** | Joseph C. Pepe

PÁGINA OPUESTA, DERECHA: **Diseño conceptual de Tonowari** | Joseph C. Pepe

PÁGINA DOBLE SIGUIENTE: **Diseño conceptual: la familia Sully conoce a Tonowari y Ronal** | Dylan Cole

Se decidió que para la distintiva indumentaria del clan se emplearían materiales y telas habitualmente hallados en comunidades en el medio acuático, como frondas de palmeras o de plantas carnosas isleñas. «Se puede ver en todo el mundo en diferentes pueblos que viven en el agua, y en especial en el océano, y que usan plantas, frondas, hojas y algas. Este material fibroso y muy resistente es la base de fabricación para todo el clan metkayina».

Tras establecer el estilo de diseño metkayina y sus parámetros, Scott y el equipo de Wētā Workshop comenzaron a fabricar piezas para asentar los materiales, las técnicas de tejido y el movimiento de las prendas. Debido a la complejidad de confeccionar numerosos trajes integrales para la película, estas muestras hechas a mano se convirtieron en útiles herramientas para el departamento de arte y el equipo de laboratorio, que crearon los modelos con los que Cameron rodaría en la fase de producción virtual.

Esas muestras físicas presentaron un problema inesperado: cómo crear trajes que pudieran funcionar en entornos acuáticos para los muy activos metkayina. Cameron asegura que fue un problema mayor del esperado, y alaba el modo en que Scott acabó diseñando soluciones elegantes: «Aportó un vestuario con un gran valor estético y totémico que cubría las partes del cuerpo que debía cubrir y se mantenía en su lugar cuando uno se desplazaba bajo el agua».

Scott afirma: «Observando lo que estábamos creando, Jon Landau fue un gran apoyo para todos los departamentos, porque nos encontrábamos creando todo un lenguaje de cero. Creo que de modos insospechados el vestuario influyó en mucho de lo que sucedía en el departamento de arte, puesto que poseíamos ese componente físico del que ellos carecían».

Para impulsar el intercambio de ideas sobre sus creaciones, las prendas fueron exhibidas en el espacio artístico de la oficina de Lightstorm con una invitación explícita a tocarlas, sentirlas y comprender los elementos que integraban la artesanía metkayina. «Nos dimos cuenta de que si dábamos a los animadores nuestras muestras físicas, y podían tocarlas e iluminarlas, la diferencia en la animación tras hacerlo era realmente espectacular».

EXTREMO SUPERIOR: **Muestra del top de conchas de Tsireya** | Wētā Workshop
ARRIBA: **Diseño conceptual del vestido de conchas de Tsireya** | Wētā Workshop
DERECHA: **Diseño conceptual de Lo'ak y Tsireya nadando con Hoja de Martillo** | Dylan Cole

CABELLO METKAYINA

A la hora de hallar y definir las diferencias de diseño entre los omatikaya y los metkayina se vio con claridad que el modo en que llevaran y adornaran su cabello los habitantes del mar sería una enorme señal de identidad de su clan. A la hora de estudiar a los variados metkayina –incluidos Rotxo (Duane Evans Jr.), Tsireya (Bailey Bass), Ao'nung (Filip Geljo) y Ronal–, Deborah L. Scott explica que «los peinados jugaron una gran parte en la definición de los personajes. El cabello, y cómo influía en lo que vestían o cómo lo vestían, era clave. Su preferencia por el diseño asimétrico se extendió tanto al cabello como a las prendas».

PÁGINA OPUESTA, ARRIBA, IZQUIERDA: Diseño conceptual de Rotxo | Wētā Workshop
PÁGINA OPUESTA, ARRIBA, CENTRO Y DERECHA: Diseños conceptuales de las cabezas de Tsireya y Rotxo | Legacy Effects
PÁGINA OPUESTA, ABAJO, IZQUIERDA: Busto de Tsireya | Legacy Effects
PÁGINA OPUESTA, ABAJO, DERECHA: Diseño conceptual de Ao'nung | Joseph C. Pepe

DERECHA: Diseño conceptual de las pecas de Tsireya | Legacy Effects
ABAJO, COLUMNA IZQUIERDA: Fotos de pruebas de pelucas en agua | Wētā Workshop
ABAJO, DERECHA: Diseño conceptual de los tatuajes de Ronal | Wētā Workshop

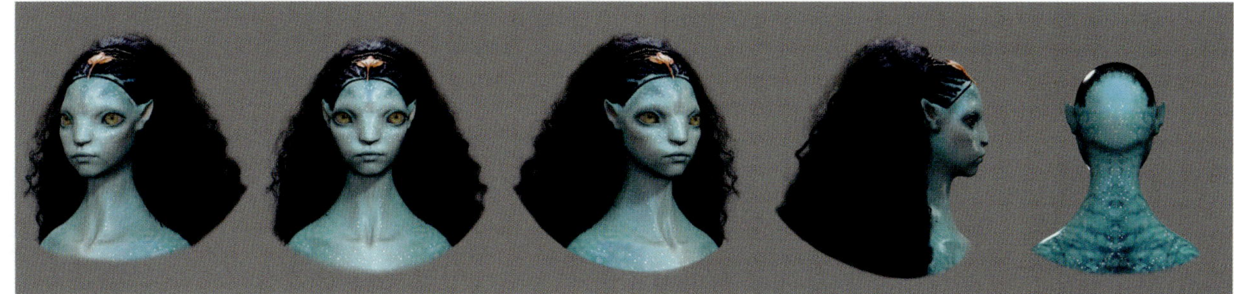

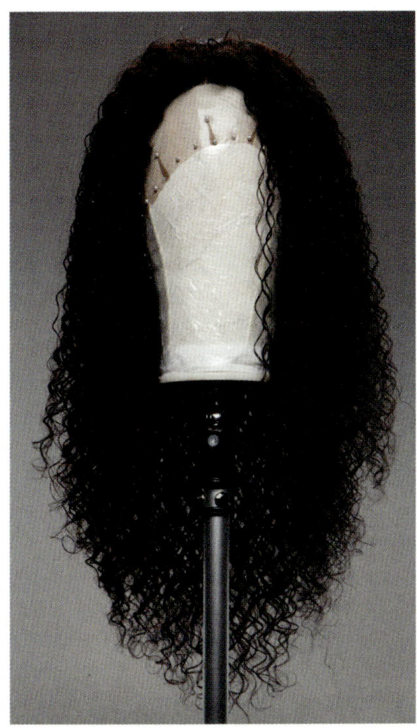

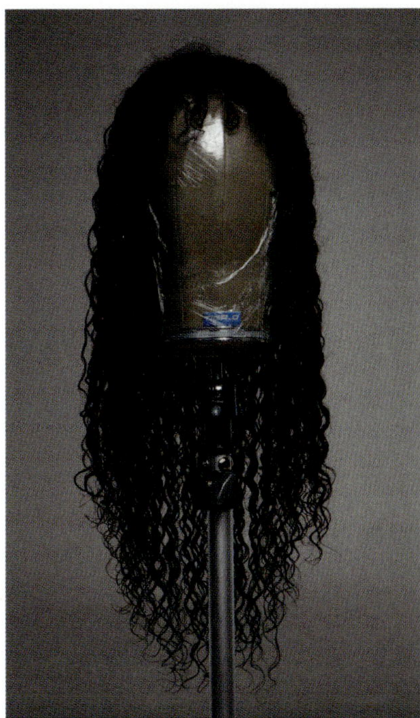

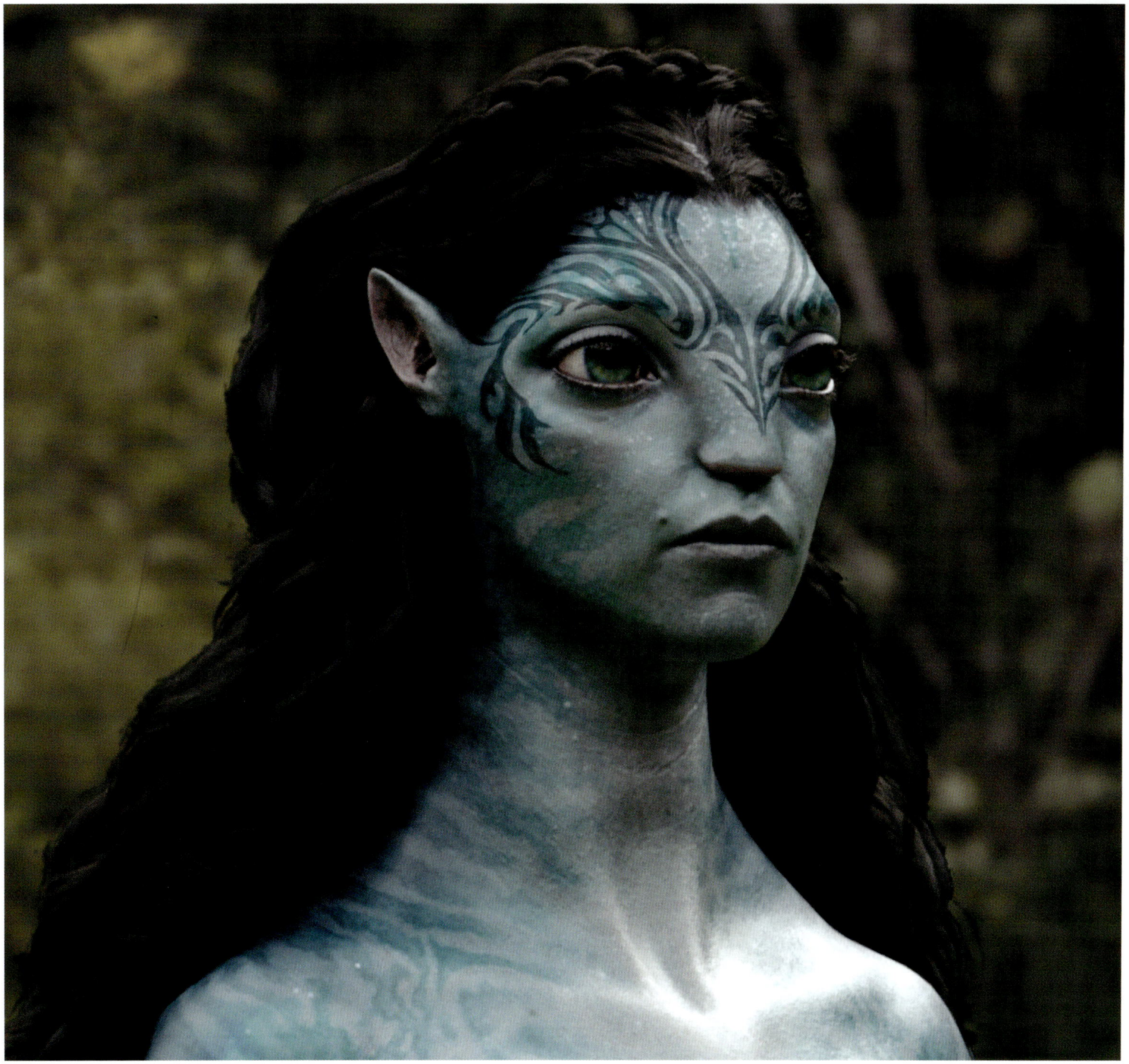

IZQUIERDA: Ilustración de la plataforma de saltos del consejo | Jonathan Bach
EXTREMO SUPERIOR: Diseño conceptual de canoas atracando | Saiful Haque
ARRIBA: Diseño conceptual de canoa metkayina | Nick Gindraux

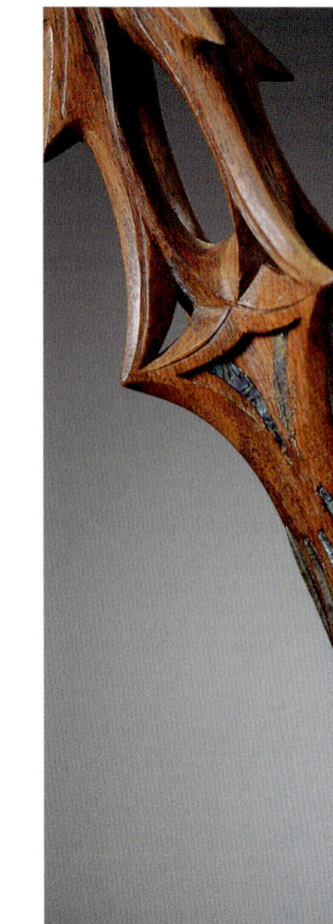

ARRIBA, IZQUIERDA: Diseño conceptual de Ronal | Wëtä Workshop

ARRIBA, CENTRO: Diseño conceptual de Tonowari | Wëtä Workshop

ARRIBA, DERECHA: Diseño conceptual de Lo'ak | Wëtä Workshop

SOBRE ESTAS LÍNEAS Y DERECHA: Foto de vestuario de Ronal | Wëtä
    Workshop

CENTRO, DERECHA: Foto de vestuario de Tonowari | Wëtä Workshop

EXTREMO DERECHA: Foto de vestuario de Lo'ak | Wëtä Workshop

PÁGINA OPUESTA, COLUMNA IZQUIERDA: Diseño conceptual de arpón
    | Wëtä Workshop

PÁGINA OPUESTA, DERECHA: Foto de arpón | Wëtä Workshop

ESTUDIOS DE ARPONES

El arpón es una herramienta clave de la cultura metkayina. Hay
dos diseños básicos, ambos igual de funcionales, pero hay también
muchos ornamentos y personalizaciones que reflejan la posición de
su dueño en la comunidad y su personalidad. Se reflexionó mucho
acerca de su óptimo funcionamiento, así como de la variedad de
aspectos. Dylan Cole explica que en el filme aparecen dos formas
básicas de arpón: «Tenemos una lanza muy sencilla, hidrodinámica,
y luego tenemos la más ceremonial, que emplea Tonowari. Jim decidió
que fueran de doble filo». Shealyn Biron, ayudante de vestuario,
añade: «Los de Tonowari y Ronal eran más ornamentados, indicando
su estatus de *olo'eyktan* y *tsahìk*. Sus astas están talladas y poseen
una cabeza de cristal incrustado».

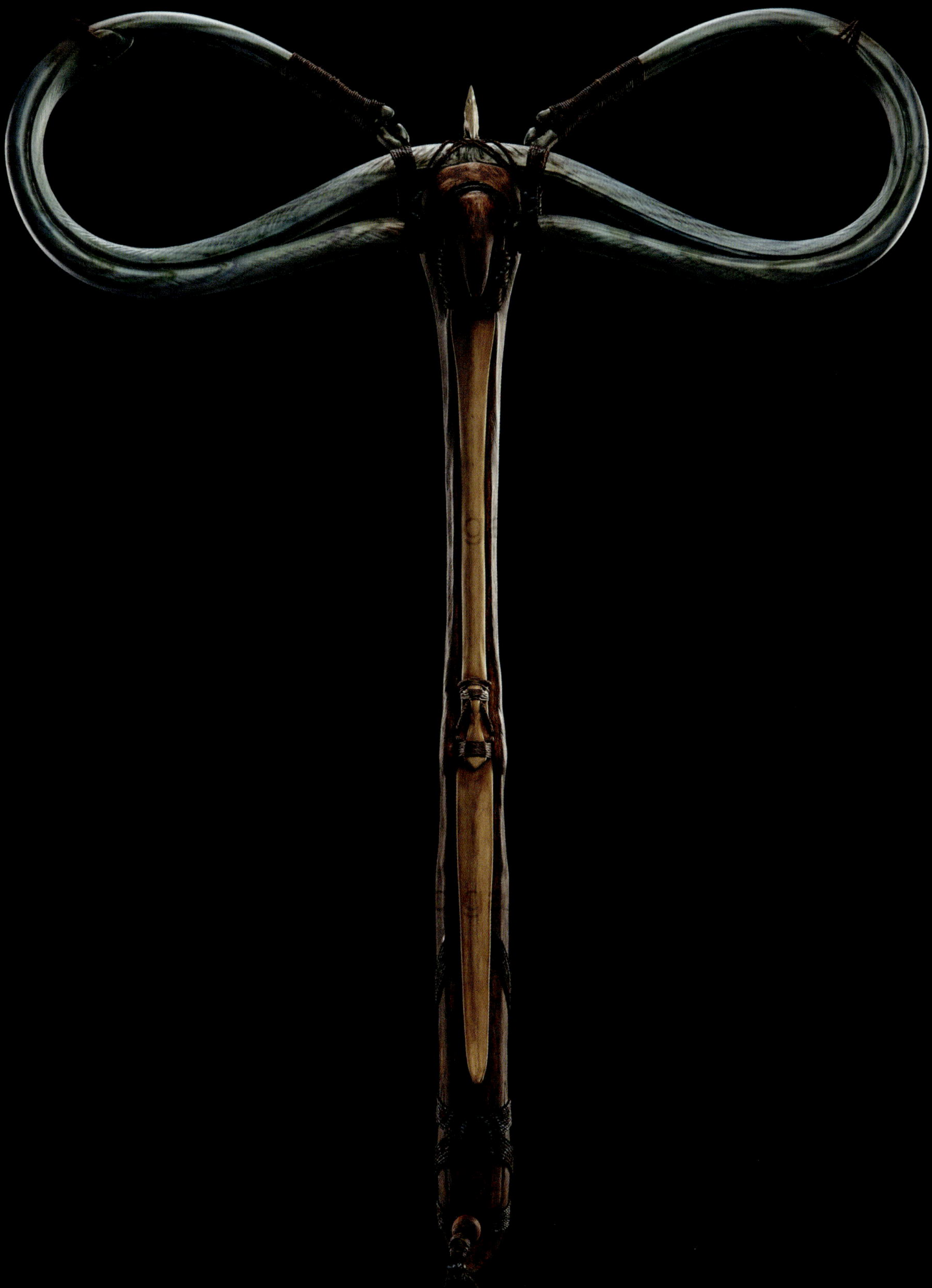

VASIJAS METKAYINA

Una de las mejores maneras de ver las diferencias entre tribus es mostrar lo que hay en un típico horno familiar. Dylan Cole explica que para los *maruis* de los metkayina analizó toda una gama de objetos cotidianos que reflejasen los rasgos más sofisticados del clan, con telas ornamentadas y la inclusión de elementos del entorno, como conchas y elementos orgánicos recogidos. «Ornamentan todo, desde su vestimenta a sus hogares –señala–. También usan colores más llamativos propios de su entorno».

HILERA SUPERIOR: **Diseño conceptual de vasijas y redes de almacenaje** | Wētā Workshop

IZQUIERDA: **Jake hablando con los chicos** | John Park

ARRIBA: **Diseños conceptuales de cuenco y copa** | Wētā Workshop

PÁGINA OPUESTA, ARRIBA: **Diseño conceptual de concha de cocina** | Saiful Haque

PÁGINA OPUESTA, ABAJO, IZQUIERDA: **Diseño conceptual de cesta ligera** | Jonathan Bach

PÁGINA OPUESTA, ABAJO, DERECHA: **Diseño conceptual de cuenco de coral** | Wētā Workshop

OBJETOS VARIOS DE LOS METKAYINA

Entre los estudios de otros objetos de los metkayina se encuentran colgantes que parecen atrapasueños, pero que en realidad son tótems en honor a aspectos de la vida familiar muy apreciados. Dylan Cole dice: «Podían ser representaciones totémicas de familias y ancestros. O celebrar criaturas de océano, o incluso algún acontecimiento importante».

En un momento de la fase de desarrollo creativo, Wētā Workshop propuso juguetes tallados en madera. Cole señala que en la película «no llegamos a ver juguetes de los niños metkayina, pero yo me los imagino hechos de algo más típico del mar: algas trenzadas, coral tallado, hueso, etcétera».

Los tradicionales morrales de pesca de los metkayina contienen toda una gama de cebos, plomadas y corchos. Están fabricados con materiales hallados en las lagunas y playas que rodean la aldea metkayina.

EXTREMO SUPERIOR: **Diseño conceptual de adornos colgantes** | Daphne Yap

ARRIBA: **Diseños conceptuales de juguetes** | Wētā Workshop

DERECHA: **Diseño conceptual de repelente de insectos** | Wētā Workshop

PÁGINA OPUESTA: **Diseño conceptual del morral y las medicinas de Ronal** | Jonathan Bach

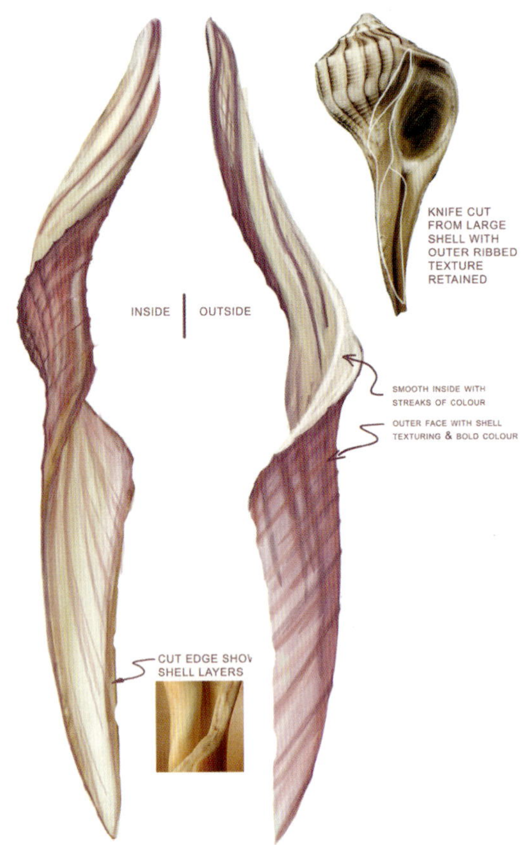

PUÑALES METKAYINA

El estudio de puñales de los metkayina lo dirigió el equipo de Deborah L. Scott en colaboración con el de Dylan Cole. Con relación a los puñales, una tarea importante era distinguir el estilo de los omatikaya del de los metkayina. Scott explica: «Hay una gran diferencia material entre el aspecto de un puñal omatikaya y el de un puñal metkayina».

Empleando un ejemplo del mismo mundo, la ayudante de vestuario, Hana Scott-Suhrstedt, dice: «Si un niño omatikaya pierde su puñal y ha de conseguir uno nuevo, y está en el arrecife, acabará con un puñal de un estilo diferente. Estará hecho con materiales diferentes, porque están en un entorno en el que el puñal no será lo mismo que cuando estaban en el bosque».

Cole añade: «Seguimos empleando el cristal como el principal material para las hojas, y comprobamos la gran habilidad de los metkayina en sus intrincados diseños de empuñadura. En comparación con los tonos tierra de los omatikaya, enfatizamos los colores para mostrar las diferencias entre culturas».

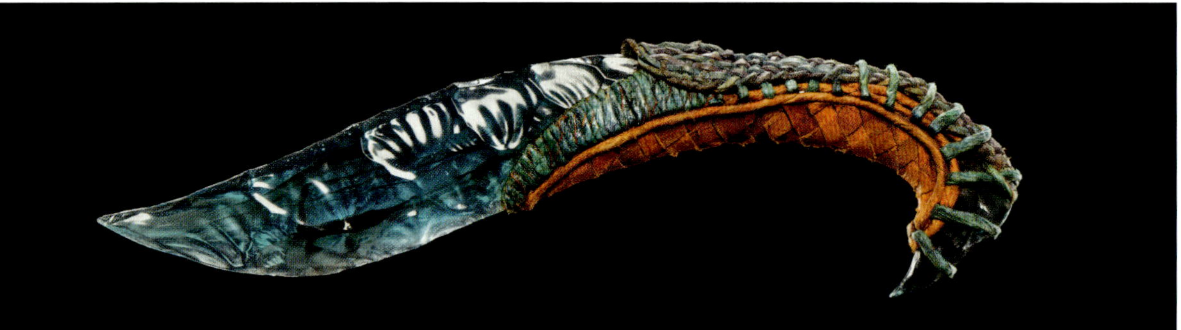

EXTREMO SUPERIOR Y ARRIBA: **Diseño conceptual del puñal ceremonial de Ronal y muestra de atrezo** | Wētā Workshop

EXTREMO SUPERIOR, CENTRO: **Prueba de color para el puñal de Ronal** | Wētā Workshop

EXTREMO SUPERIOR, DERECHA: **Muestra del puñal ceremonial de Ronal** | Wētā Workshop

CENTRO, DERECHA: **Diseño conceptual del puñal de cristal de Ronal** | Wētā Workshop

ABAJO, DERECHA: **Muestra del puñal de cristal de Ronal** | Wētā Workshop

PÁGINA OPUESTA, ARRIBA, IZQUIERDA: **Diseño conceptual del puñal transparente de Ronal** | Wētā Workshop

PÁGINA OPUESTA, ARRIBA, DERECHA: **Muestra de puñal de Ao'nung** | Wētā Workshop

PÁGINA OPUESTA, ABAJO: **Puñal de obsidiana de Tonowari** | Wētā Workshop

PÁGINA DOBLE SIGUIENTE: **Diseño conceptual de un funeral metkayina** | Dylan Cole

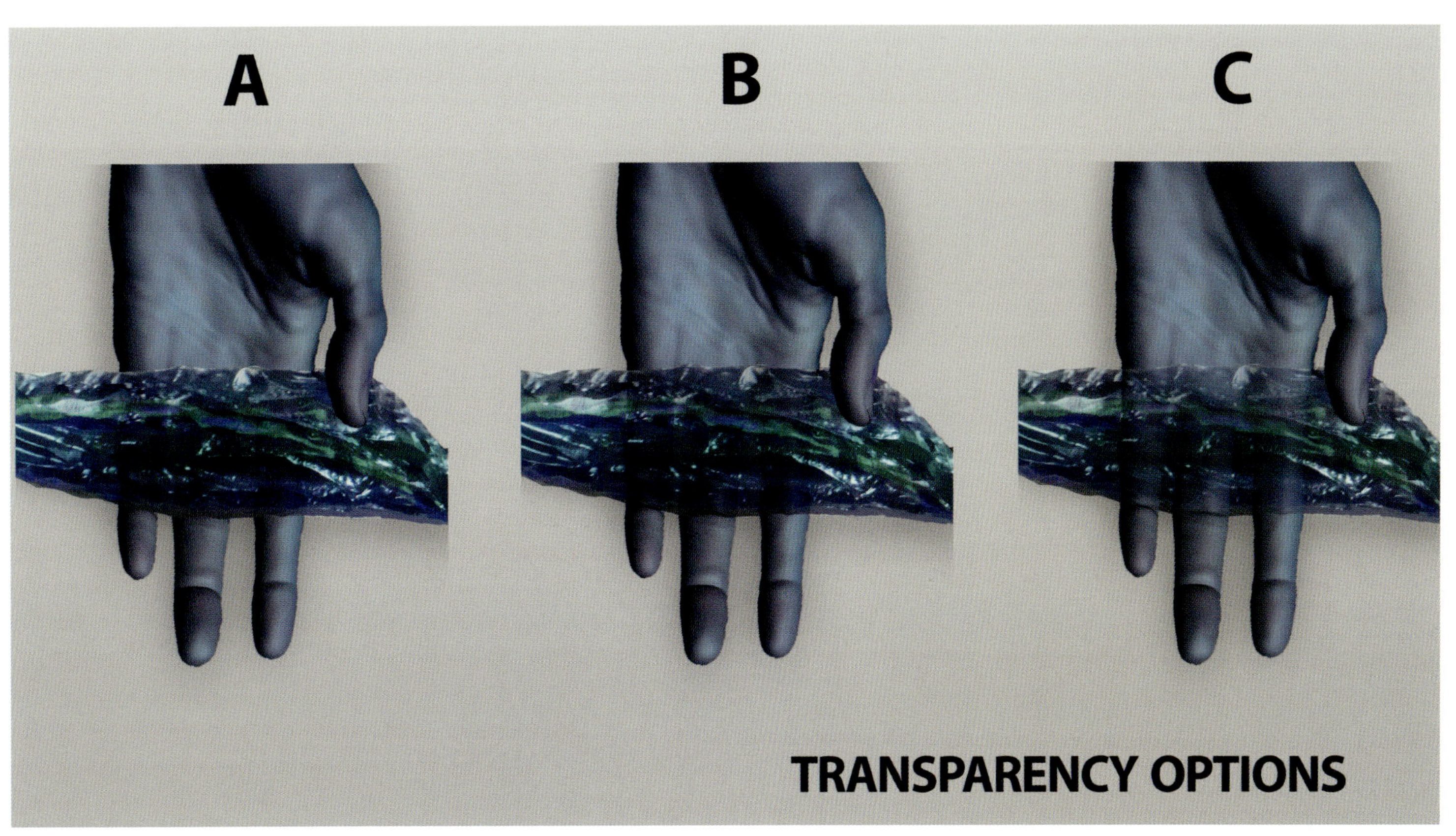
A
B
C
TRANSPARENCY OPTIONS

ARRIBA: Diseño conceptual de la celebración de los *tulkun* | Steven Messing

LOS OCÉANOS

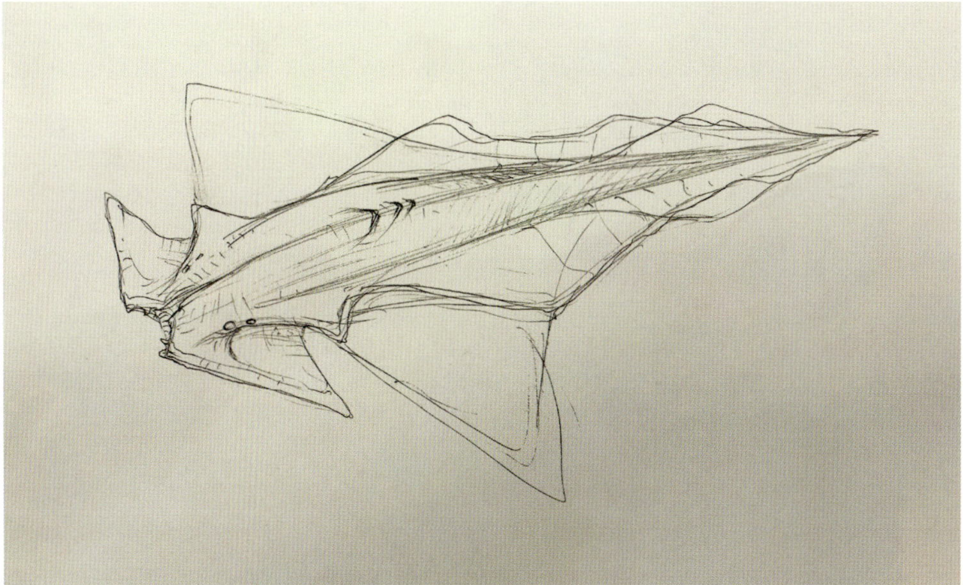

Los océanos de Pandora poseen una auténtica variedad de criaturas marinas, todas ellas obra del jefe de diseño de producción, Dylan Cole, su equipo de ilustradores, Legacy Effects e incluso algunas ideas aportadas por Wētā Workshop. Repleta de organismos nunca antes vistos, la gama de creaciones incluía desde grandes personajes como el *ilu* y el *tulkun* a los cardúmenes de peces diseñados para la ocasión.

Durante toda su vida, Cameron ha sido un gran aficionado al buceo y un visitante habitual de las profundidades oceánicas, lo que le ha proporcionado un conocimiento de primera mano de especies acuáticas. Ha invertido ese conocimiento en grandes panorámicas, criaturas y paisajes submarinos que ampliarán Pandora en direcciones totalmente nuevas.

Consciente de la miríada de criaturas de las profundidades oceánicas de la Tierra con aspectos y funciones alienígenas, Cameron sabía que el reto de los ilustradores era ganar a la naturaleza en su propio juego. Entre risas, el director dice: «Es bastante difícil crear algo más alocado que la naturaleza de nuestro propio planeta».

Debido a eso, Cole y sus ilustradores se centraron más en utilizar ejemplos reales para crear yuxtaposiciones visualmente impactantes.

«En última instancia, no quieres hacer algo tan extraño que acabe provocando la incredulidad del público», explica Cameron.

A partir de esos parámetros nació el diseño básico de la ecosfera de A2: tomar una estructura, forma o elemento acuático del mundo real y darle una escala gigantesca. Citando el ejemplo del coral blando «gorgonia», que se encuentra sobre todo en el Atlántico occidental, Cole explica: «Es como un arbusto submarino de tan solo 45 cm de altura. Pero acabé empleando varias imágenes diferentes y las compuse de tal modo que se convirtió en un árbol submarino con una estructura coralina y bifurcada».

Partiendo del mismo criterio de reinvención con base real, Cole y su equipo crearon una amplia gama de estudios hasta construir un escenario subacuático que acogiera tanto a las criaturas marinas como a los metkayina, que nadan, juegan y se alimentan en sus aguas. Las secuencias subacuáticas no solo fueron oportunidades para que los ilustradores emplearan su imaginación, sino también para crear entornos dinámicos que inspiraran a Cameron la puesta en escena de numerosas secuencias cinematográficas marinas.

TULKUN

«Los *tulkun* no son criaturas; son una especie inteligente, algunos de cuyos miembros son personajes en las películas», explica Landau. Según Cole, es probable que junto a la aldea del arrecife, el *tulkun* haya sido el mayor desafío de diseño de *A2*: «Pasó por tantos diseños porque se lo describe básicamente como una ballena, y funciona como una ballena. Pero ¿cuán similar a una ballena quieres hacerlo?».

Cameron corrobora que proporcionar el aspecto necesario al *tulkun*, una especie muy importante en la película, se convirtió en un proceso inesperadamente largo y difícil: «Me di cuenta de que debíamos luchar por conservar la esencia de lo que reconoceríamos como una ballena, pero sus detalles debían ser muy alienígenas. El ejemplo que puse a los ilustradores fue el *pa'li*. Lo miras y es evidente que es un caballo. Sin embargo, cuando lo examinas bien, te das cuenta de que en realidad se trata de un extraño dinosaurio alienígena con propiedades equinas. Quería hacer lo mismo con el *tulkun*. Tu mente no debía dudar en ningún momento con respecto a la metáfora, pero los rasgos específicos debían ser alienígenas, extraños, únicos de esa especie».

Cameron estaba tan insatisfecho con las ideas para el *tulkun* que en un momento dado se dedicó a dibujar esbozos de algunas ideas. «Teníamos muchos diseños para el *tulkun*, y algunos de ellos eran bastante interesantes –confiesa–. Sin embargo, ninguno de ellos acertaba a comunicar lo que yo veía como su quintaesencia. Me puse a ello en persona, y me encerré durante un día y medio. Dibujé unos veinte bosquejos hasta que conseguí centrarme en lo que realmente quería». Entregó los dibujos a Cole, que los empleó para afinar nuevos diseños con Ian Joyner y Constantine Sekeris, para que Zach Berger le diera los últimos (y definitivos) retoques. «Las ilustraciones de Jim pasaron por muchas versiones. Pero al final todo acabó cristalizando como debía». Cole explica que la criatura hizo el recorrido completo, desde un aspecto totalmente alienígena al inicio a las líneas y silueta más conocidas de una ballena cuando el diseño fue aprobado.

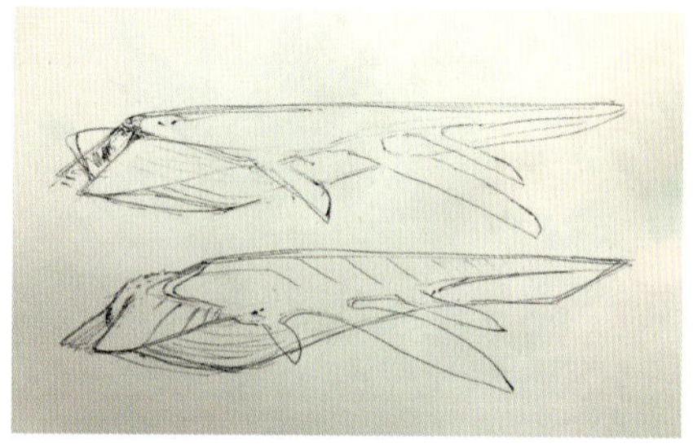

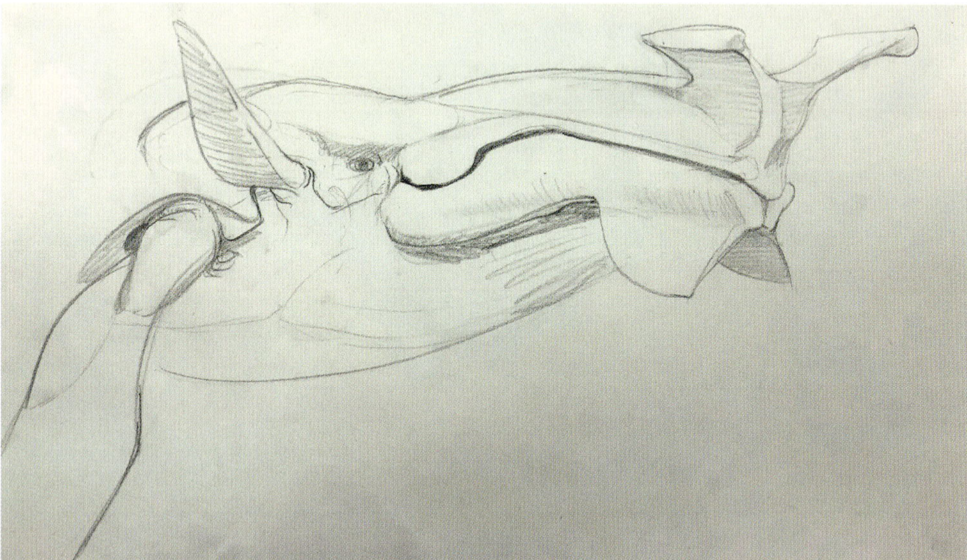

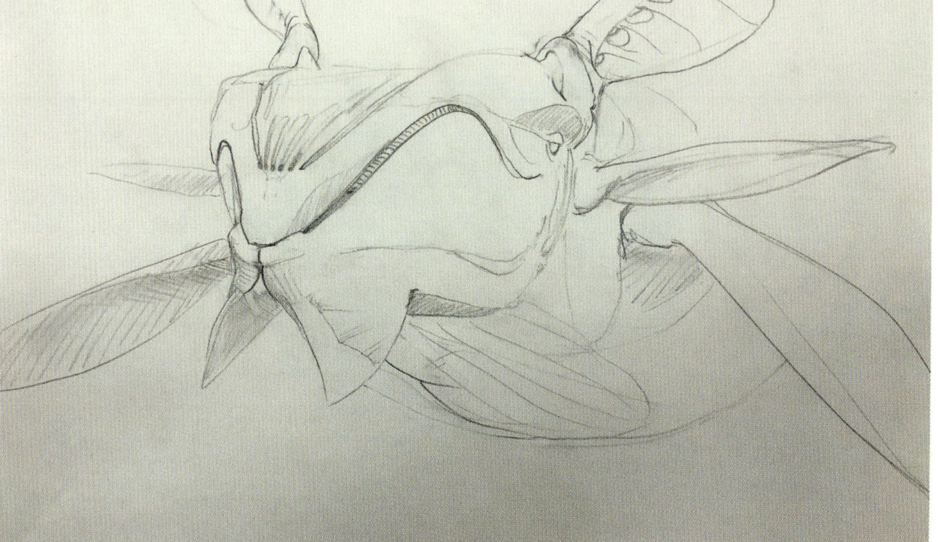

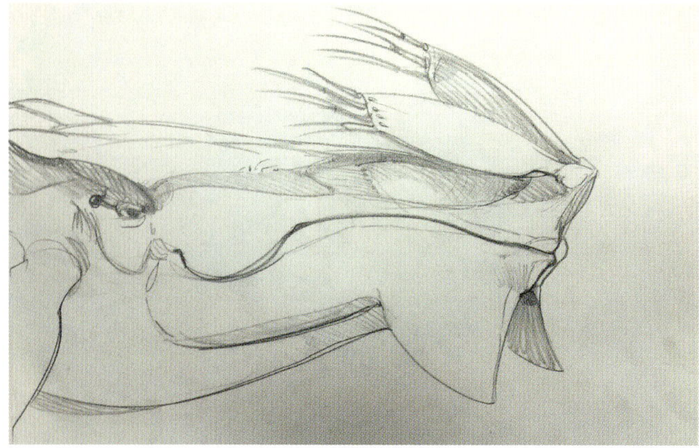

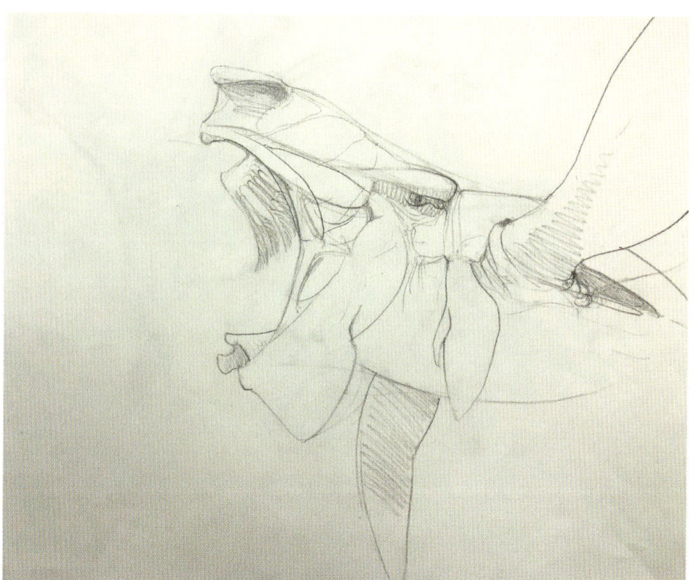

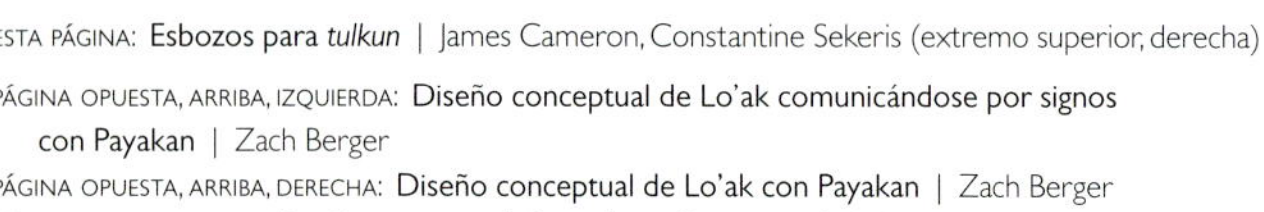

PÁGINA OPUESTA, ARRIBA, IZQUIERDA: **Diseño conceptual de Lo'ak comunicándose por signos con Payakan** | Zach Berger
PÁGINA OPUESTA, ARRIBA, DERECHA: **Diseño conceptual de Lo'ak con Payakan** | Zach Berger
PÁGINA OPUESTA, ABAJO: **Diseño conceptual de madre *tulkun* y su cría** | Ian Joyner

IZQUIERDA: Lo'ak conecta con Payakan (renderización) | Steven Messing

EXTREMO SUPERIOR: Diseño conceptual de la boca de un *tulkun* | Ian Joyner y Steven Messing

CENTRO: Diseño conceptual de la boca bioluminiscente de un *tulkun* | Steven Messing

ARRIBA: Diseño conceptual del *kuru* de un *tulkun* | Steven Messing

ESTA PÁGINA DOBLE: Diseños conceptuales de *tulkun* | Wētā Workshop

CALAMAR

Desde diseño pidieron un calamar fosforescente con el que Kiri tendría una interacción especial. Cole cuenta: «Ella conseguía comunicarse con ellos dirigiéndolos como a una orquesta, creando interesantes formas y patrones. También los utiliza para sacar a nuestros héroes del peligro, a modo de señales de emergencia. El diseño comenzó bastante tarde, puesto que los visualizábamos más como una masa, como un gran cardumen que brillaba en la oscuridad. Pero al final, Constantine Sekeris acabó dando con este bonito calamar con cabeza de martillo. Era algo único, fácil de comprender y a la vez alienígena».

IZQUIERDA: Diseño conceptual de calamares fosforescentes | Constantine Sekeris
ABAJO: Diseño conceptual de cosecha subacuática | Dylan Cole

BRANQUIOMANTO

Un concepto exclusivo de *A2* es el branquiomanto. Cameron lo concibió como un organismo que se adhiere a la espalda de los metkayina y se conecta a su *kuru*. Dylan Cole aclara: «Básicamente, se trata de un respirador subacuático vivo. Jim quería algo diáfano y bello. Legacy Effects realizó unos primeros diseños muy bellos, pero algunos resultaban demasiado invasivos; decíamos bromeando que se parecían al *facehugger* de *Alien*. Luego el diseñador de criaturas Ian Joyner comenzó a hacer ilustraciones increíbles, cada vez más diáfanas y bellas, casi como si se tratase de una prenda de vestuario. Era un híbrido entre raya y medusa que nadaba con un movimiento muy sinuoso. Eso es lo que llevó al diseño final de Constantine Sekeris».

Tras pasar por numerosos cambios, dice Cole, acabó siendo un diseño elegante, con pequeñas extremidades como ventosas. «Jim hablaba de pies de lagarto que se adherían a las costillas, de modo que pareciera bien adherido. Y resultaba necesario, porque ya sea montando en *ilu* o nadando, algunos personajes van muy rápido».

ARRIBA, IZQUIERDA: Diseño conceptual de branquiomanto | Daphne Yap
ARRIBA, DERECHA: Diseño conceptual de Kiri con branquiomanto | Constantine Sekeris
DERECHA, ARRIBA: Diseño conceptual de Kiri con calamares | Jonathan Bach
DERECHA, ABAJO: Diseño conceptual de patrones bioluminiscentes de branquiomanto
| Daphne Yap

ESTUDIOS DE PECES

Con la intención de llenar los océanos de Pandora con toda una plétora de motivos exóticos pero familiares en peces reconocibles, los diseñadores de criaturas de Dylan Cole, sobre todo Zach Berger y Constantine Sekeris, realizaron muchas versiones de todo, desde peces de cardumen a especies más características. «Realizamos muchos de esos peces de cardumen buscando variaciones –dice Cole–. Acabamos jugando con la idea de que básicamente siguen siendo torpedos, pero les añadimos todo tipo de alocadas aletas a sus formas muy sencillas».

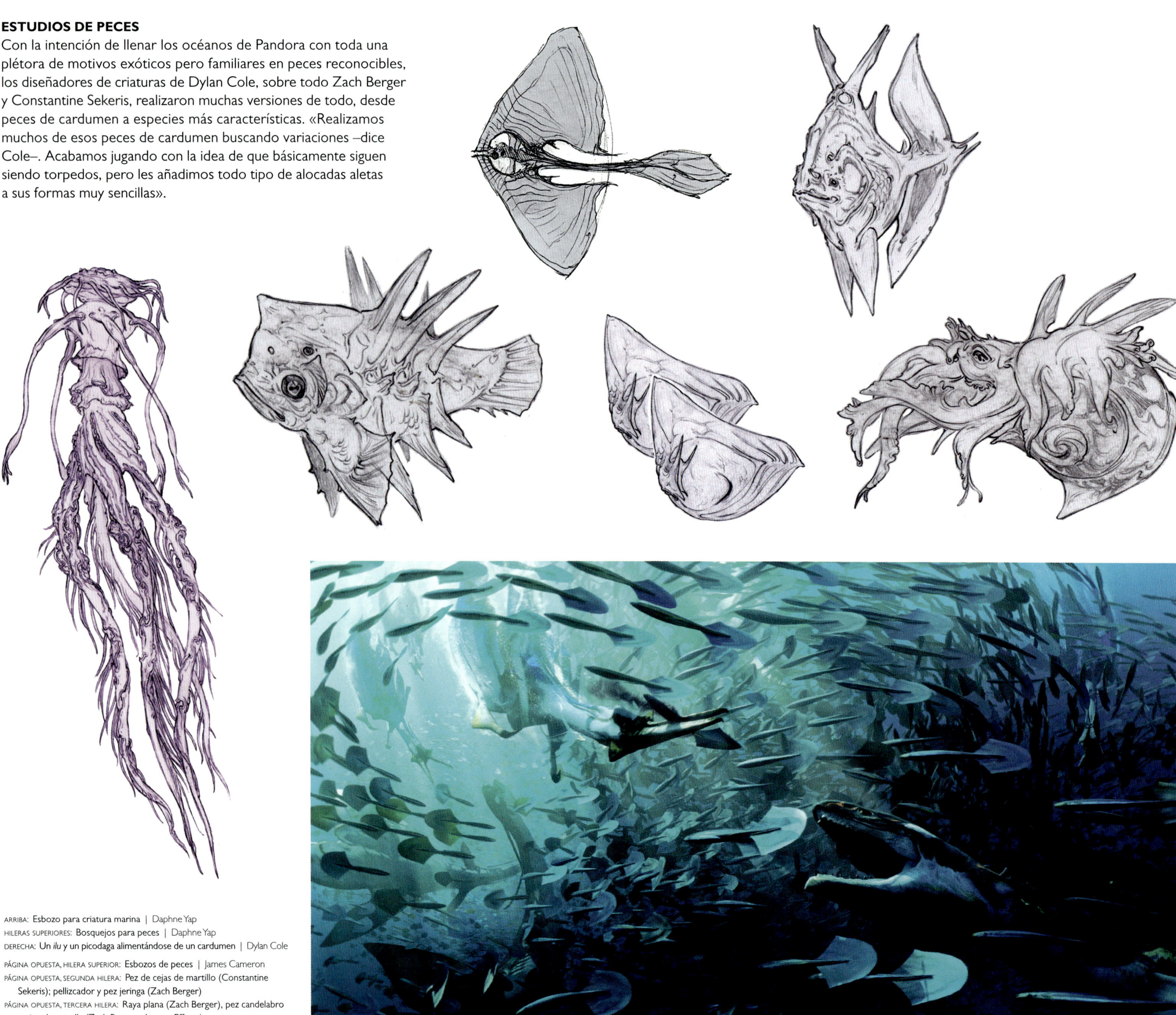

ARRIBA: Esbozo para criatura marina | Daphne Yap
HILERAS SUPERIORES: Bosquejos para peces | Daphne Yap
DERECHA: Un *ilu* y un picodaga alimentándose de un cardumen | Dylan Cole

PÁGINA OPUESTA, HILERA SUPERIOR: Esbozos de peces | James Cameron
PÁGINA OPUESTA, SEGUNDA HILERA: Pez de cejas de martillo (Constantine Sekeris); pellizcador y pez jeringa (Zach Berger)
PÁGINA OPUESTA, TERCERA HILERA: Raya plana (Zach Berger), pez candelabro y pico de estrella (Zach Berger y Legacy Effects)
PÁGINA OPUESTA, HILERA INFERIOR: Pez ala de pala (Zach Berger e Ian Joyner), cachalote ángel (Constantine Sekeris), cola de pluma (Zach Berger)

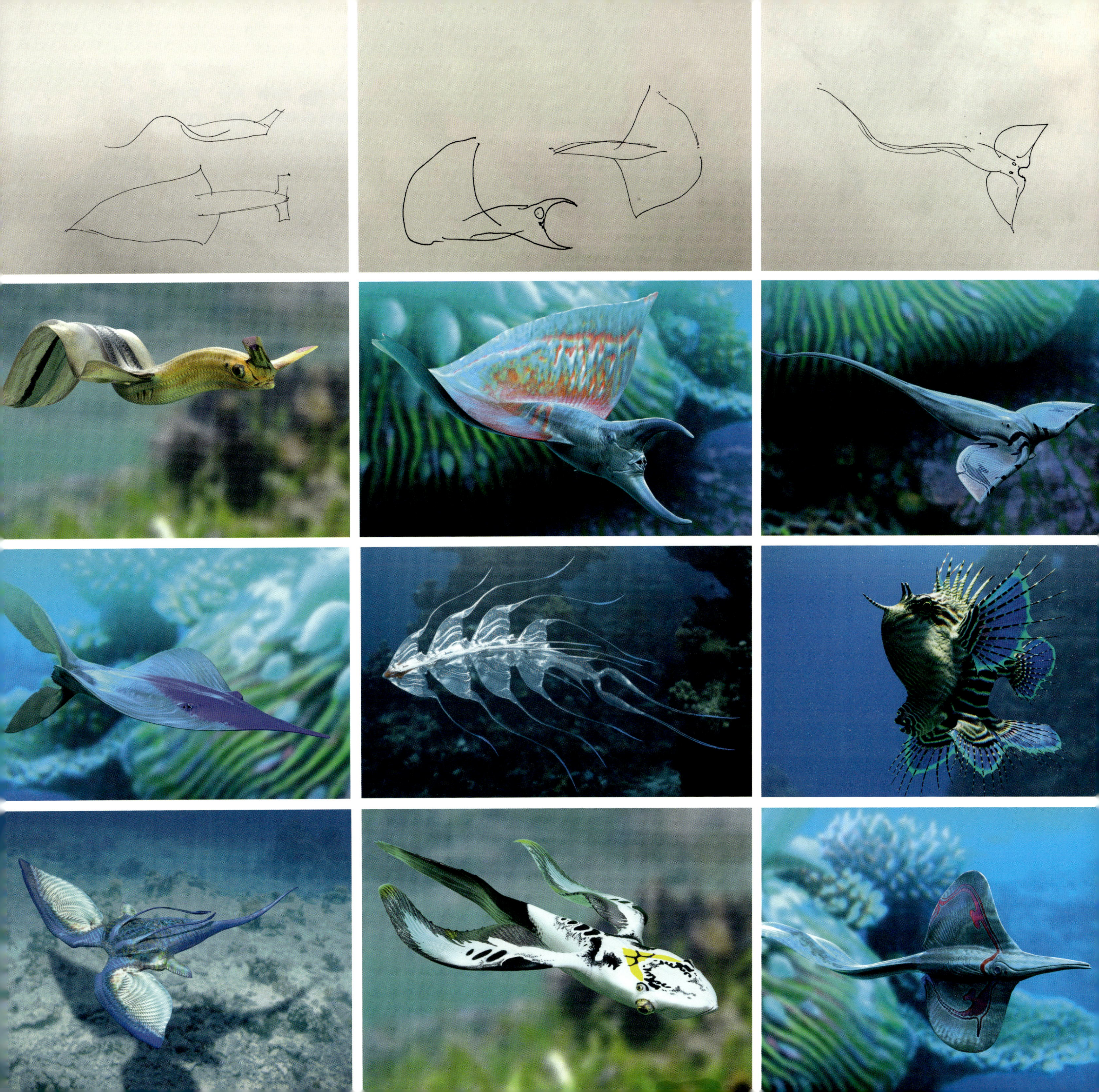

CONCEPTOS PARA CORAL

Para los fondos de las pozas de marea y arrecifes, Dylan Cole y los ilustradores
realizaron estudios de variaciones de coral que se pudieran encontrar en los
océanos de Pandora. Cole explica: «Usamos muchos corales de la Tierra
como referencia, pero los disponíamos en grandes macroestructuras o los
colocábamos en grandes estructuras fantásticas, con coral incrustado, de
modo que se pudiera reconocer».

A fin de hallar opciones viables, ilustradores conceptuales como Annis
Naeem, Daphne Yap y Jonathan Bach refinaron una tremenda cantidad de
variaciones. Cole recuerda: «Naeem unía diferentes partes de corales reales
a lo Frankenstein. Mientras Yap creaba los grandes abanicos, que acabaron
siendo muy importantes».

DERECHA: Esbozos para coral | Daphne Yap
ABAJO: Diseño conceptual de pez pellizcador y coral | Steven Messing

PÁGINA OPUESTA, ARRIBA, IZQUIERDA: Diseño conceptual de coral | Annis Naeem
PÁGINA OPUESTA, EXTREMO, DERECHA: Diseño conceptual de abanico de coral | Jonathan Bach

NUTRIA

La versión de Pandora de la nutria fue creada para una escena
luego eliminada con Tuk, pero la criatura ha seguido instalada en el
canon de la luna. Dylan Cole recuerda: «Las nutrias son divertidas;
la escena era un momento de juego con Tuk nadando junto a ella.
La nutria pasó por multitud de versiones; algunas más parecidas a
una nutria, otras, menos parecidas».

AVE MARINA DE PANDORA

La palabra *ikran* se usó por primera vez en *Avatar* como genérico para las aves de Pandora. En la secuela, su versión costera se llama ave marina de Pandora. «Al principio pensamos en las aves marinas como banshees –explica Dylan Cole–. Pero Jim señaló que sería repetir lo ya visto en la primera película».

A fin de diferenciar al ave marina de Pandora, el diseñador de criaturas Constantine Sekeris realizó una serie de estudios. «Jim quería tomar el diseño corporal básico ya establecido, ya fuera el *ikran* de las montañas (los banshees que montan Jake y Neytiri) o las alas del gran leonóptero, y después jugar con las escalas y con diferentes aspectos. Acabamos ciñéndonos bastante como base al *ikran* de las montañas, y jugamos con las proporciones y con diseños de cabezas. Luego hicimos variantes cromáticas».

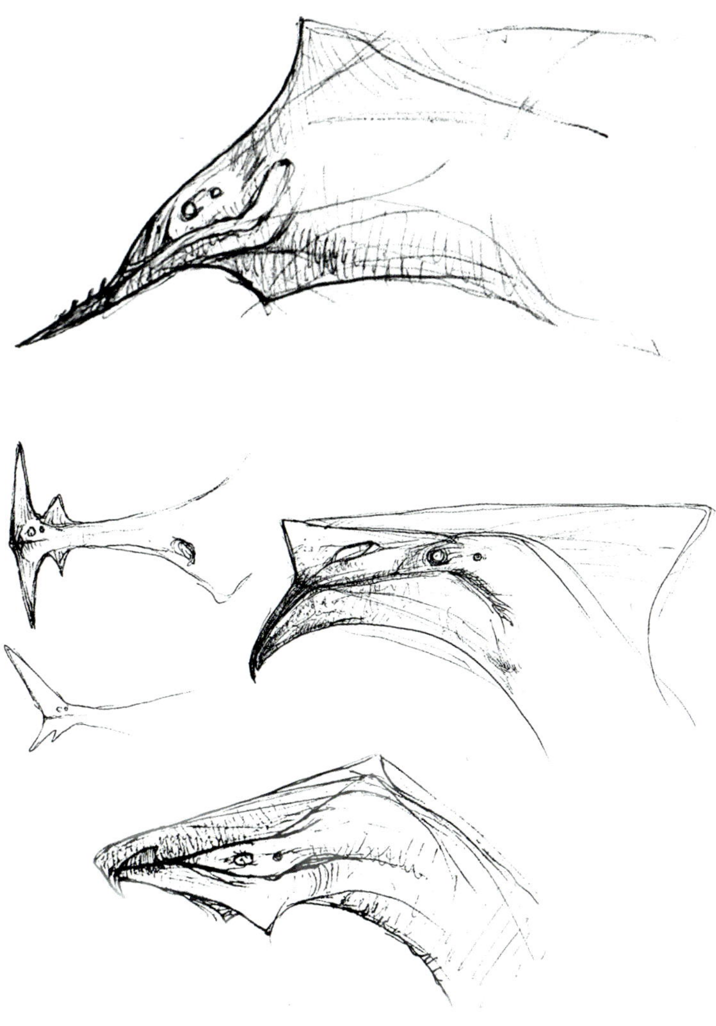

PÁGINA OPUESTA: Diseños conceptuales de nutria | Jonathan Bach

ARRIBA: Esbozos para ave marina de Pandora | Constantine Sekeris

COLUMNA DERECHA: Diseño conceptual de ave marina de Pandora | Constantine Sekeris

CORCEL MARINO

Otra criatura relevante era el corcel marino. «Jim tenía claro cómo quería que funcionase –dice Cole–. Básicamente, se trata de un gran pez volador. Se desliza mediante un efecto hidroala, igual que el Dragón Marino. Lo que quería subrayar, sobre todo, era el diseño de la cabeza. Los primeros diseños me resultaban demasiado similares al *ikran*, pero Jim decía que eran parientes. Aun así, quise llevarlo más allá».

Creado por Cameron, el corcel marino se propulsa con la cola, no mediante las alas. «Estudiamos los peces voladores –recuerda–. Nos fijamos en cómo lo hacen y aplicamos algunos principios. Y alguien tuvo la idea de incorporar el aspecto de los marlines. A través de las distintas rutas evolutivas, la naturaleza ha reciclado una y otra vez ese diseño: desde un lucio, que se parece a un cocodrilo, a una aguja, que tiene el mismo tipo de dientes separados en un pico largo que tenían el *Rhamphorhynchus* o el *Pteranodon*. Varias veces la evolución ha vuelto a la idea de un par de gigantescos palillos chinos con dientes para atrapar cosas».

Cameron prosigue: «Y entonces me dije: "¿Y si esta cosa viniera a por ti?". ¿Y si tú fueras un mero humano y 3,6 metros de palillos chinos dentados vinieran hacia ti? Sería terrorífico, así que seguimos por ese camino. Para el corcel marino hicimos diseños que parecían cualquier cosa, desde un tiranosaurio hasta cualquier otra especie imaginable. Acabamos apostando por la idea del lucio. Como inspiración para el corcel marino llevé un molde plástico del cráneo de un lucio. Cuando lo vimos, dijimos: "¡Vaya, eso es genial! Da miedo"».

Cole dice del diseño final: «El corcel marino es mi criatura favorita porque da esa sensación de estar completada. Recuerda al pez volador, pero a la vez es muy diferente. Opera de un modo parecido, pero con esa increíble cabeza de pez y alas traslúcidas. Se pliegan perfectamente para nadar por debajo del agua. Es una imagen realmente poderosa ver un ejército de ellos acercándose. Y me encanta la estela en forma de S que deja. Gráficamente es una criatura potente».

ESTA PÁGINA: Colores y patrones de corcel marino | Daphne Yap

PÁGINA OPUESTA: Diseño conceptual de corcel marino sobre y bajo el agua | Zach Berger

EXTREMO SUPERIOR: Diseño conceptual de corcel marino | Wētā Workshop

IMÁGENES CENTRALES: Diseño conceptual de corcel marino | Jonathan Bach

ARRIBA: Diseño conceptual de corcel marino | Wētā Workshop

DERECHA: Diseño conceptual de corceles marinos | Dylan Cole

PÁGINA DOBLE SIGUIENTE: Diseño conceptual de Jake montando un corcel marino | Dylan Cole

ILU

Cole dice: «Tardamos un tiempo en acertar con el *ilu*, pero al final Legacy
Effects lo perfeccionó y Constantine Sekeris le añadió los detalles finales
y le dio proporciones. Es como un pequeño plesiosaurio, pero Jim quería
que no fuera tan obvio. No dejaba de hacer referencias al avión Concorde,
con una forma en delta muy sencilla».

«Intentábamos otorgar una sensación de diversión a la personalidad
del *ilu*. Cuando tomas algo que a primera vista parece un plesiosaurio y
le das la personalidad de un delfín o una foca, obtienes algo juguetón.
Funcionalmente, los *ilus* son más como los *pa'li*, van y vienen; no
necesariamente tienes tu *ilu* contigo en todo momento».

Cole prosigue: «Los *ilus* comenzaron siendo de color amarillo
brillante porque buscábamos algo que resaltara mucho en el agua. Jim
había mencionado el amarillo, así que fuimos por ahí. Pero había querido
decir detalles en amarillo, no como color general. Acabamos regresando
a una paleta cromática más tradicional, lo que esperaríamos de un gran
mamífero marino. Como se ve en tiburones, ballenas, delfines y rayas,
es más oscuro en la zona dorsal y más claro en la ventral».

Para terminar, Cole señala: «Tuk acaba consiguiendo su propio *ilu*, y
tuvimos que diseñar uno pequeño para ella. Para su "poni" experimentamos
con diferentes aspectos, pero fue Zach Berger quien creó el aspecto final
y sus proporciones corporales. Luego realicé varios fotogramas clave para
ver cómo se integraba todo».

HILERAS SUPERIORES Y ARRIBA: Desarrollo de la cabeza del *ilu* | Legacy
   Effects
IZQUIERDA: Patrones de color de los *ilus* | Dylan Cole, Zach Berger

PÁGINA OPUESTA, HILERA SUPERIOR: Diseños conceptuales de un *ilu* sumergido
   | Legacy Effects
PÁGINA OPUESTA, HILERA CENTRAL, IZQUIERDA: Tuk juega con su *ilu* | John Park
PÁGINA OPUESTA, HILERA CENTRAL, DERECHA: Kiri y su *ilu* | John Park
PÁGINA OPUESTA, ABAJO: Tuk nada con su *ilu* | Dylan Cole

EXTREMO SUPERIOR: Diseño conceptual de *ilus* sacando la cabeza del agua | Legacy Effects

ARRIBA: Diseño conceptual de *ilus* nadando | Legacy Effects

DERECHA: Diseño conceptual de *ilus* nadando | John Park

PÁGINA DOBLE SIGUIENTE: Montando *ilus* en el arrecife bioluminiscente | Dylan Cole

AKULA

Cole recuerda: «Jim decía que básicamente el akula es el equivalente de Pandora del tiburón blanco. Fue derivando de un modo natural hacia un genial diseño corporal, muy sencillo, obra de Wētā Workshop. Pero necesitábamos estudiar el diseño de su cabeza. Uno de nuestros artistas de criaturas, Zach Berger, comenzó a jugar con él, y aplicando muchas ideas a su realización se hizo con él».

«Algo que hicimos fue darle transformaciones sorpresa; por ejemplo, cabezas en las que se despliega un cuello, u otra cosa que fuese totalmente inesperada. Jim quería elementos como los de un tiburón blanco: que la criatura abriera la boca y se vieran sus dientes y esas increíbles encías. Experimentamos con una boca horizontal, así como con una boca en tres partes, como la de la serpiente de cascabel. No integramos la separación de maxilares, pero sí lo aplicamos a la parte superior de la boca, pero con una paleta más dura. Se bifurca hacia el centro y puede extenderse hacia fuera. Al ser capaz de atravesar el coral con más facilidad, Jim acabó adoptando la opción de la serpiente de cascabel. También nos gustaba la idea de que cuando atacase pareciera una serpiente. Jim la recortó para que fuera más como un tiburón, e incorporamos al cuerpo unas sencillas rayas y patrones. También sugerimos una coloración a los lados».

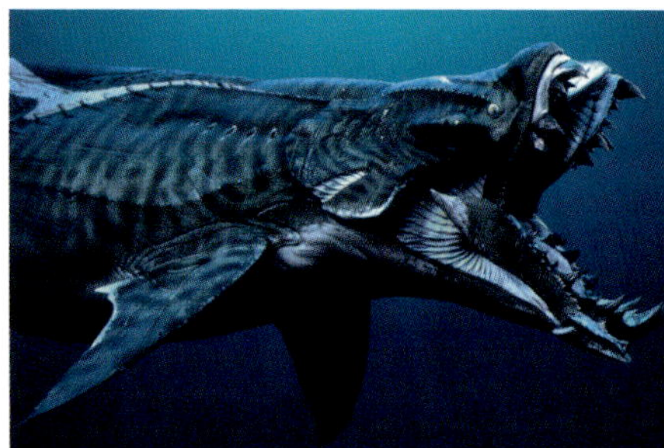

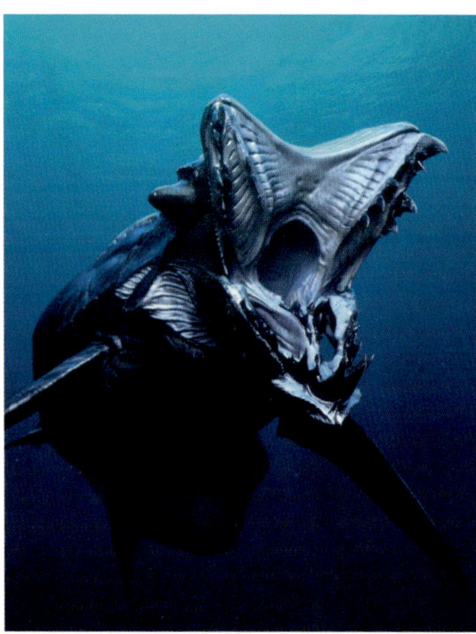

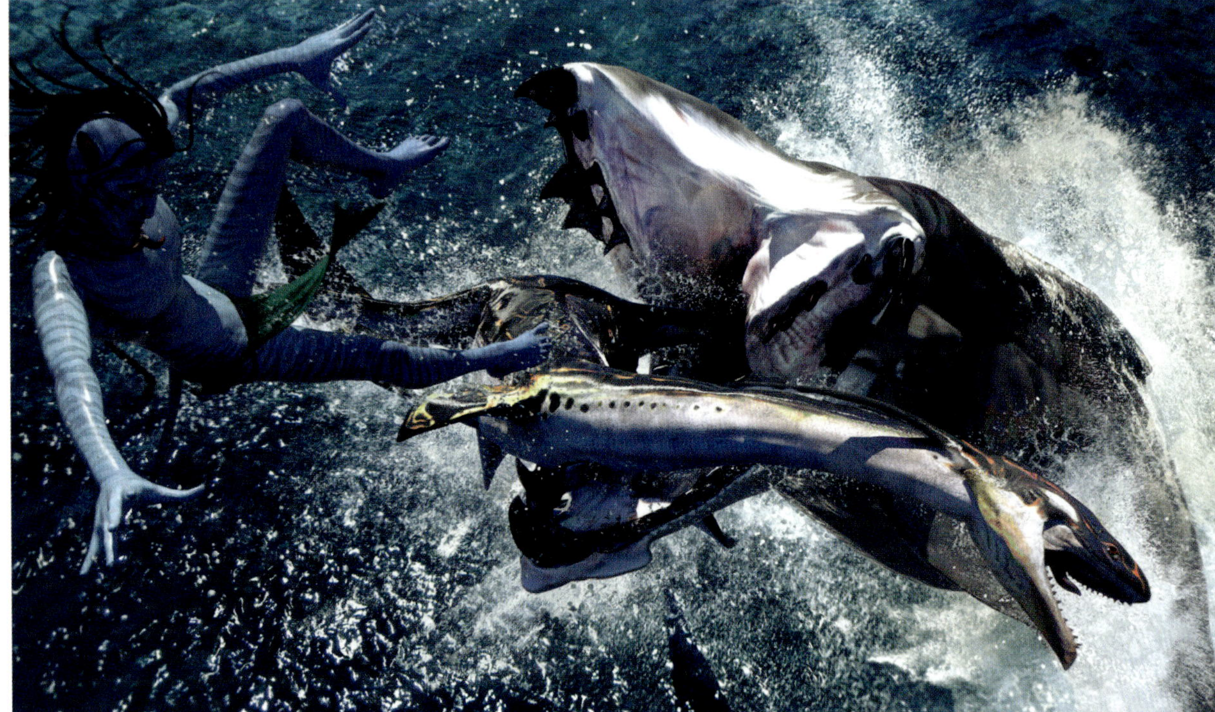

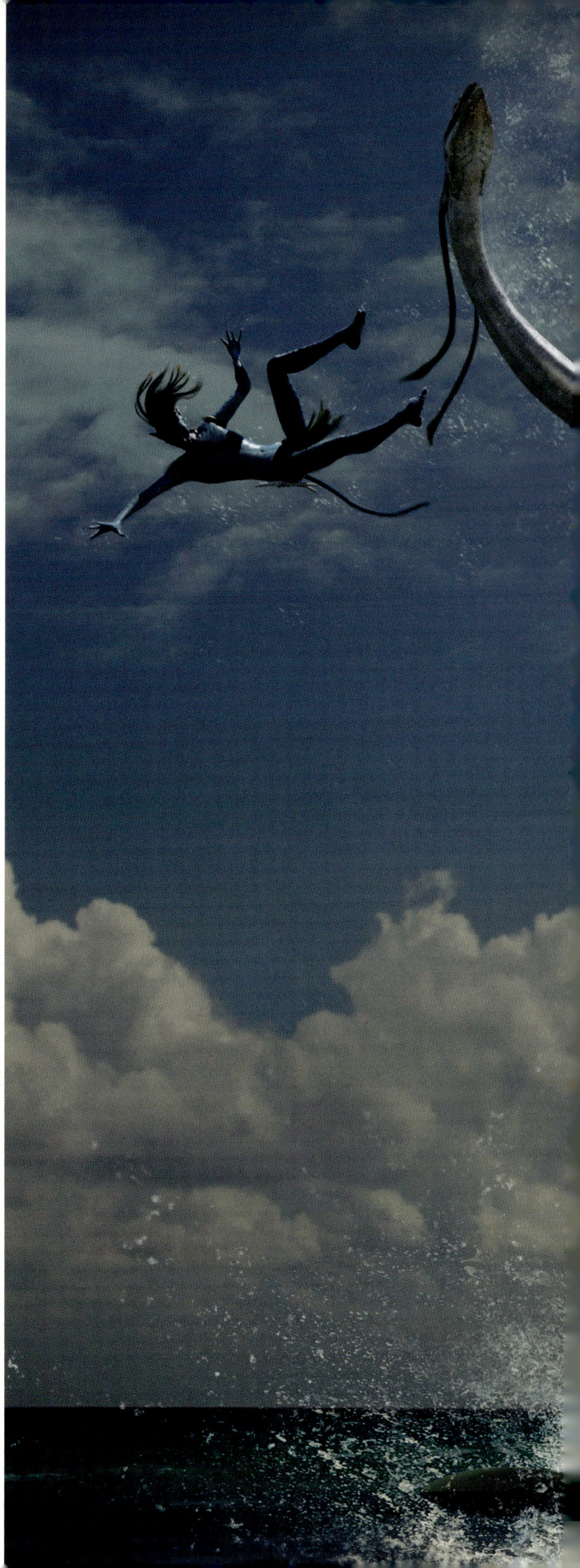

COLUMNA SUPERIOR: Diseños conceptuales de akula | Zach Berger
ARRIBA Y DERECHA: Un akula ataca a Lo'ak y su *ilu* | Dylan Cole
PÁGINA DOBLE SIGUIENTE: Diseño conceptual de los Tres Hermanos | Nick Gindraux y Dylan Cole

ARRIBA: Diseño conceptual de excavadoras despejando la zona quemada por el ISV | Ben Procter

EQUIPO DE LA RDA

Gracias a años de I+D bien financiada, y a su posterior fabricación, la RDA se ha hecho con un arsenal gigantesco de equipo diseñado para causar «conmoción y pavor» entre los na'vi de Pandora. Desde barcos equipados con armamento de última generación a destructiva munición e incluso el mismo Programa Recom: la RDA lleva consigo una sorprendente gama de provisiones diseñadas para aplastar cualquier obstáculo.

Cameron quería una mirada nueva del material en el que la RDA había invertido sus pujantes ganancias entre secuelas. Nuevos vehículos –como las aeronaves Avispa de Mar y Cernícalo, así como varios tipos de embarcaciones con nombres como Picador y Matador– demostrarían que la estética militar de la RDA estaba muy actualizada con respecto a aquellas anticuadas máquinas vistas en *Avatar*.

Ben Procter explica: «Sabíamos que la historia nos obligaba, porque se sugería que esta era una escala totalmente nueva de esfuerzo bélico por parte de la RDA, de igual modo que la estética militar actual difiere de la de la guerra de Vietnam. Se trata de una invasión en toda regla, no de una operación de extracción».

Con precisión y con la idea de subrayar visualmente el poder y la firme resolución de los humanos de triunfar contra todos sus enemigos en Pandora, Procter y su equipo de ilustradores imaginaron, diseñaron y construyeron cada componente del equipo, grande o pequeño. En las operaciones marítimas, en especial en la búsqueda de *tulkun*, los barcos Matador y Picador existen para facilitar la caza. Más pequeños y ágiles que el Dragón Marino, operan a altas velocidades, dirigiendo y aislando a su presa. Como con todos los vehículos clave de la RDA, Ben Procter dice que su diseño se basó en el estudio de barcos reales, equivalentes del Matador y del Picador. «Se trata de embarcaciones de altas prestaciones que suelen emplear los SEAL de la marina estadounidense para realizar infiltraciones», aclara.

Procter cuenta que un elemento general de su diseño era dar cuenta del potencial entusiasmo que este tipo de embarcaciones podían generar trabajando juntas a gran velocidad: «Es un tipo de trabajo tan arriesgado que aunque se trata de los malos, disfrutamos imaginando el tipo de drama físico y cinematográfico de las operaciones del Matador y el Picador».

ARRIBA: Esbozo de la refinería de Cabeza de Puente | Ben Procter
DERECHA: Diseño conceptual de hangar general | Fausto De Martini

ukii

MATADOR

También están los rasgos letales de los barcos de la RDA. En la proa de los barcos tipo Matador hay lanzaarpones de gran calibre, cruciales para la caza del *tulkun*. Procter cuenta que se inspiraron en auténticos arpones utilizados en la caza de ballenas: «Miramos lo último en torretas artilleras automáticas de 30 mm, así como en modelos más antiguos que operaba un equipo de artilleros. El color rojo brillante es una referencia al equipo industrial y sugiere el propósito criminal de la máquina. El diseño final se completa con dos visualizadores *head-up* y un rastreador radial que lo vincula al barco, que, esperemos, trascienda toda referencia para convertirse en el gran ejemplo de la crueldad de la RDA».

El personaje Mick Scoresby (Brendan Cowell) es el principal arponero, y Procter explica que crearon culatas para que pudiera implicarse al máximo con su arma. «Está casi integrado en la máquina; asegurado con el arnés, gira y pivota en la plataforma».

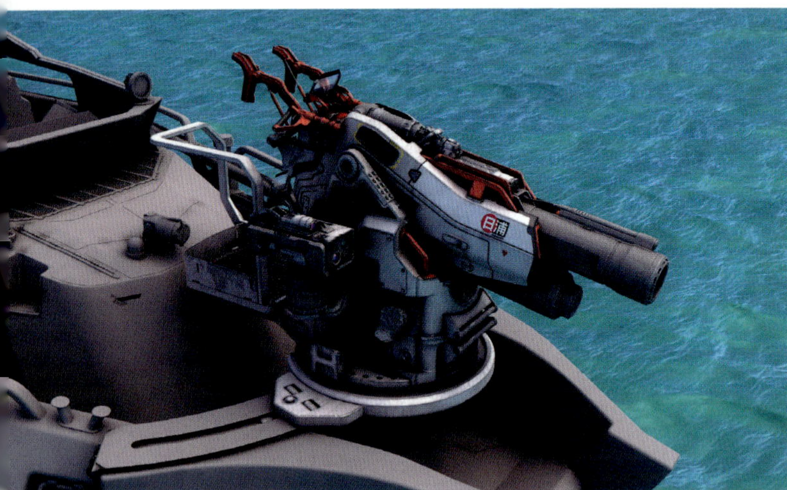

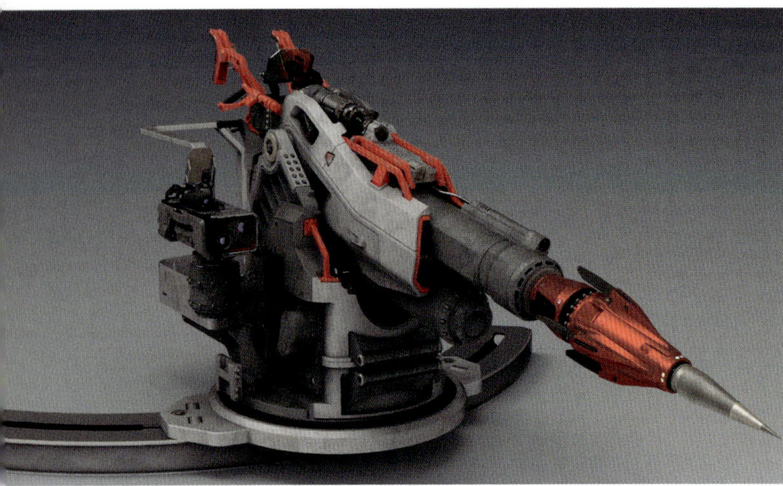

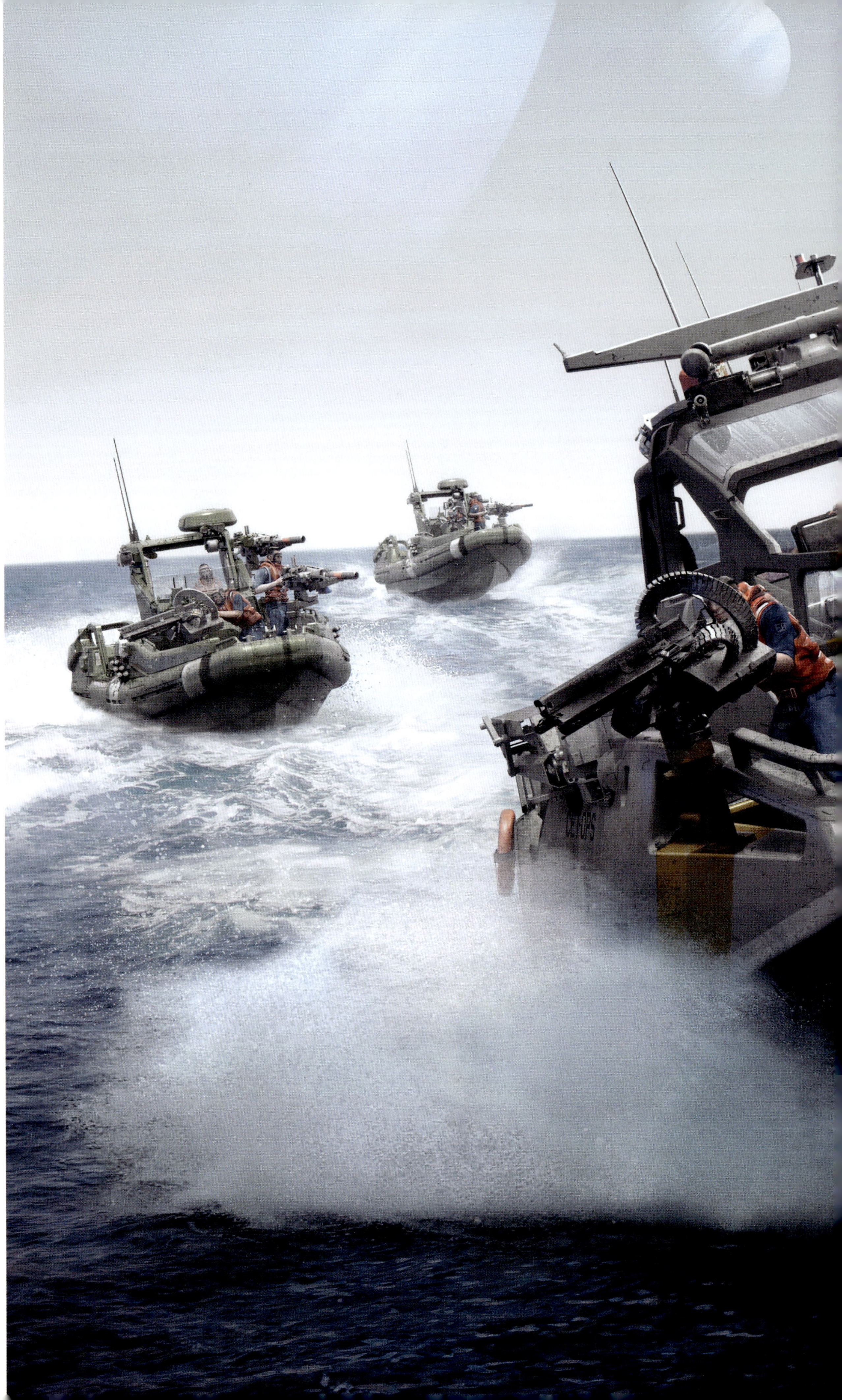

EXTREMO SUPERIOR: Diseño conceptual de arponera de Matador | Fausto De Martini y Liam Beck
ARRIBA: Diseño conceptual de arpón de Matador | Joe Hiura y Jonathan Berube
DERECHA: Diseño conceptual de formación de Matador en persecución | Fausto De Martini y Liam Beck

PICADOR

Las lanchas Picador también necesitan toda una gama de armas especiales para redirigir a los enormes mamíferos marinos, como cargas de profundidad y proyectores sónicos. Procter dice: «Para el cañón sónico, los altavoces para control antidisturbios fueron una referencia, pero Jim quería una forma evocadora y agresiva, y dibujó una configuración trilateral que daba mucho juego». Se aumentó el calibre de la munición del lanzagranadas a 90 mm para hacerla suficientemente poderosa.

Con el Picador, un desafío único y especial fue la petición de Cameron de que se construyera la lancha, de 9,75 m de eslora, como vehículo real y funcional. Alister Baxter, director artístico e ingeniero naval, refinó el diseño hasta lograr una lancha de tamaño real, que equipó con motores de 1000 CV y turbinas gemelas HamiltonJet capaces de impulsar la veloz nave a más de 40 nudos (74 km/h).

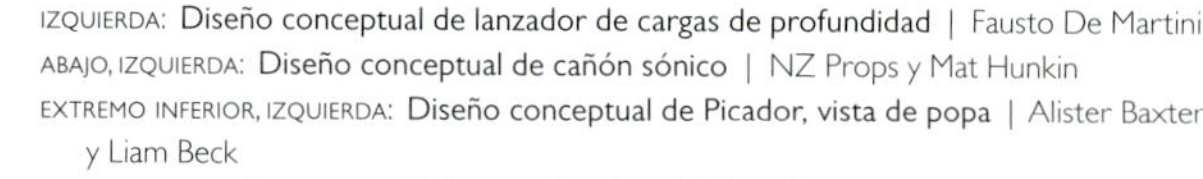

IZQUIERDA: **Diseño conceptual de lanzador de cargas de profundidad** | Fausto De Martini

ABAJO, IZQUIERDA: **Diseño conceptual de cañón sónico** | NZ Props y Mat Hunkin

EXTREMO INFERIOR, IZQUIERDA: **Diseño conceptual de Picador, vista de popa** | Alister Baxter y Liam Beck

ABAJO, DERECHA: **Fotocomposición para Picador** | Alister Baxter y Ben Procter

EXTREMO INFERIOR, DERECHA: **Diseño de cabina de Picador** | Alister Baxter y Liam Beck

PÁGINA OPUESTA, ARRIBA: **Diseño conceptual de disparo de cargas de profundidad desde Picador** | Jonathan Bach y Ben Procter

PÁGINA OPUESTA, ABAJO: **Diseño conceptual de variante de rescate** | Jonathan Berube, Alister Baxter y LEI Lab

SCALE

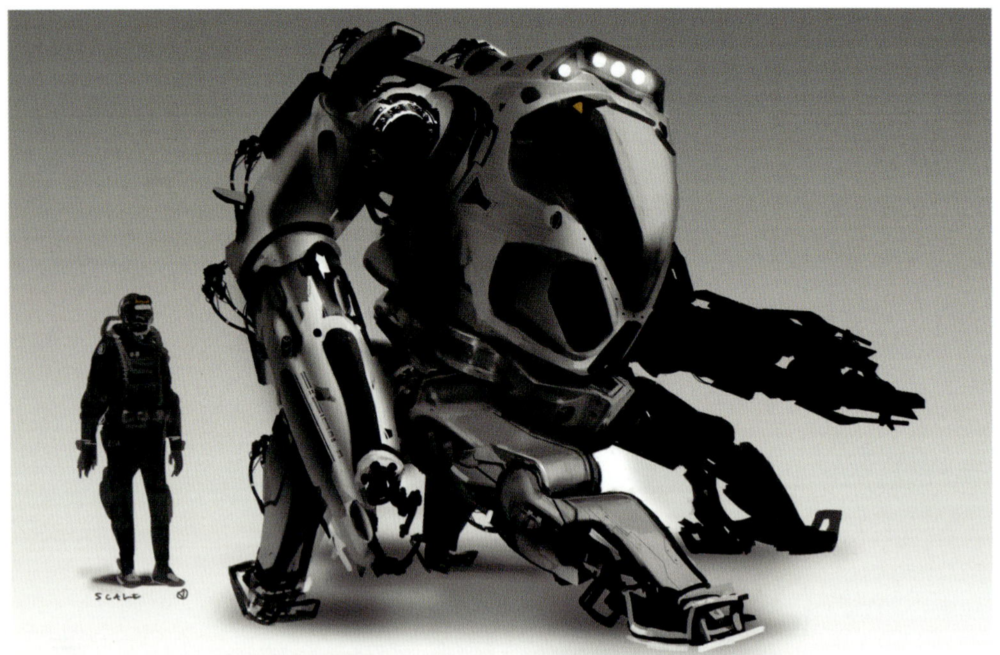

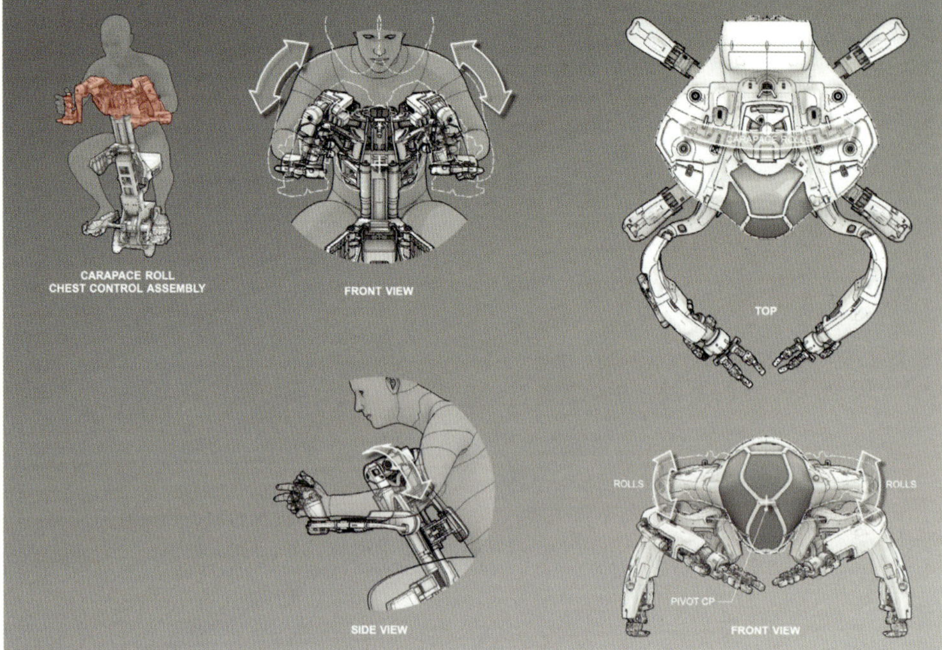

CARAPACE ROLL
CHEST CONTROL ASSEMBLY
FRONT VIEW
TOP
SIDE VIEW
ROLLS
ROLLS
PIVOT CP
FRONT VIEW

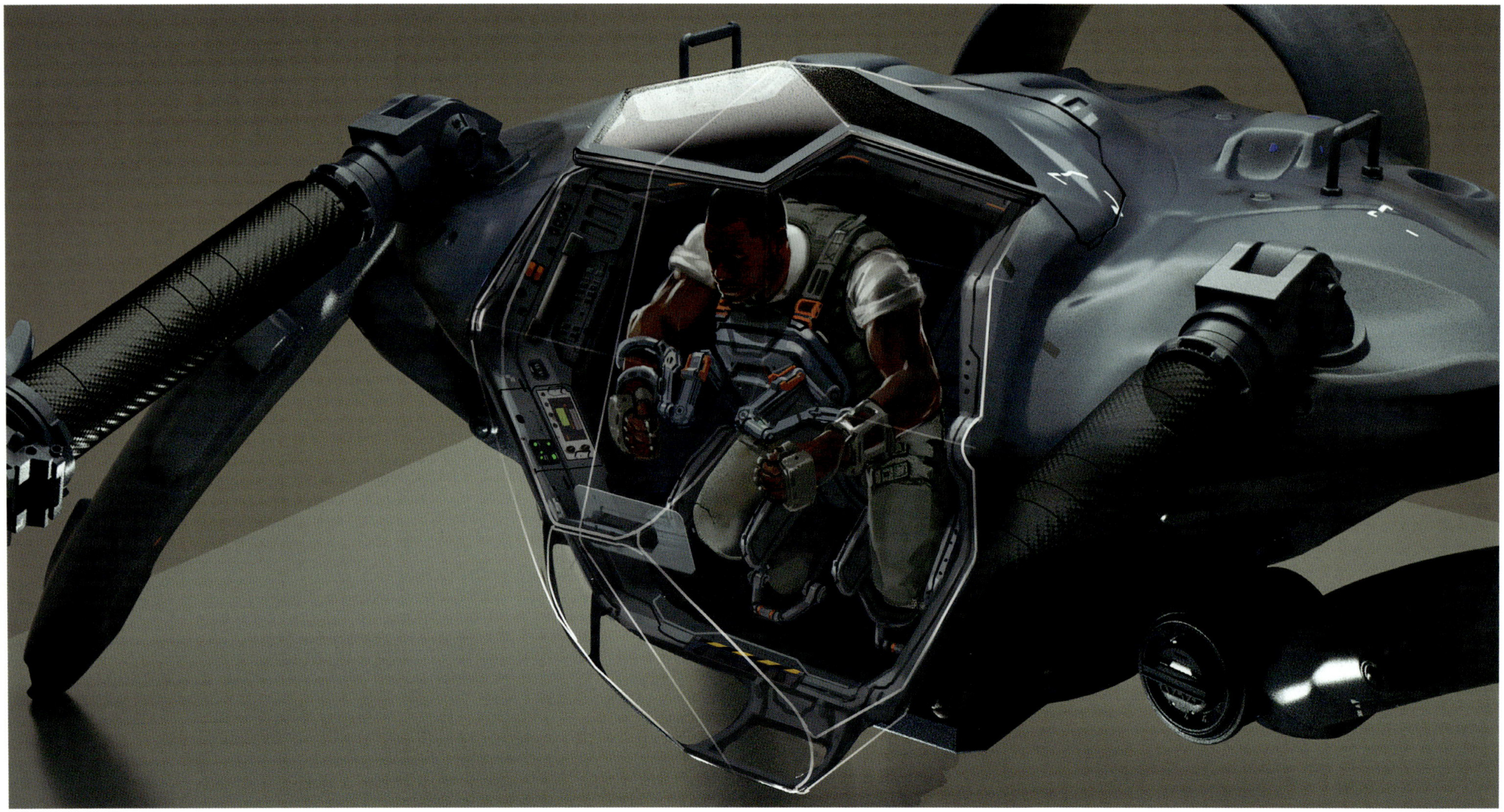

CRABSUIT

Un arma de especial importancia para Cameron era el crabsuit o sumergible cangrejo. Se trata de una plataforma de movilidad amplificada (AMP) sumergible. A Procter le encantó como concepto porque se trataba de un ejercicio de diseño genial y porque llevaba el humor incrustado en su ADN. Procter dice que el director de ilustradores Fausto De Martini y el ilustrador conceptual David Levy probaron diferentes diseños con más patas, ninguno de los cuales era estrictamente humanoide. «Todos tenían cuatro o seis patas —explica—. Muchos recordaban un centauro: puedes pensar que es una armadura AMP subacuática, pero aun así hay una persona de pie operándola. Y poseían cualidades orgánicas que remitían al diseño biológico».

No obstante, el primer juicio de Cameron sobre los diseños fue muy claro: «Tiene que parecerse a un cangrejo». Procter recuerda: «A partir de ese momento, desde que nos concentramos en la metáfora que teníamos delante, los detalles del diseño empezaron a estar cada vez más inspirados en cangrejos reales». Problema de diseño solventado.

PÁGINA OPUESTA, ARRIBA, IZQUIERDA: Primeros diseños conceptuales del sumergible cangrejo | David Levy

PÁGINA OPUESTA, ARRIBA, DERECHA: Página del manual de pilotaje del cangrejo | Luke Freeborn y Daniel Frank

PÁGINA OPUESTA, ABAJO: Cabina, controles manuales | David Levy

ARRIBA: Modelo final del crabsuit (sumergible cangrejo) | Fausto De Martini

ESTA PÁGINA: Interpretación de la cabina del crabsuit | Jonathan Berube
y Daniel Frank

PÁGINA OPUESTA, ARRIBA, IZQUIERDA: Diseño conceptual del interior del crabsuit
| Daniel Frank y Jonathan Berube
PÁGINA OPUESTA, ARRIBA, DERECHA: Diseño conceptual del crabsuit en modo
sumergible | Fausto De Martini
PÁGINA OPUESTA, ABAJO: Fotograma clave de cabina de crabsuit | Jonathan Berube

SUMERGIBLE CLASE MAKO

El diseño del sumergible clase Mako se vio muy influido por necesidades específicas de James Cameron en el Dragón Marino. Ben Procter señala que durante sus conversaciones sobre dónde colocar los sumergibles en la nave nodriza, alguien introdujo la idea del foso de inmersión, desde donde también se los lanzaría. Entusiasmado, Procter señala: «Mientras pensábamos dónde almacenarlos, Jim dijo: "¿Por qué no colgarlos sobre el foso de inmersión? Son como las bombas en un bombardero, solo hay que liberarlos. Caerán como bombas". Fue un momento emocionante, porque sabes que en la película se verá genial. Y sabes que será divertido diseñar lo que permita que toda esta acción suceda».

IZQUIERDA: **Interpretación de cabina del sumergible clase Mako** | Jonathan Berube y Joe Hiura
EXTREMO INFERIOR, IZQUIERDA: **Desarrollo del aspecto del Mako** | Jonathan Berube y Joe Hiura
ABAJO **Diseño conceptual del panel de instrumentos del Mako** | Joe Hiura y Jonathan Berube
EXTREMO INFERIOR, DERECHA: **Desarrollo de aspecto del Mako** | Jonathan Berube y Joe Hiura

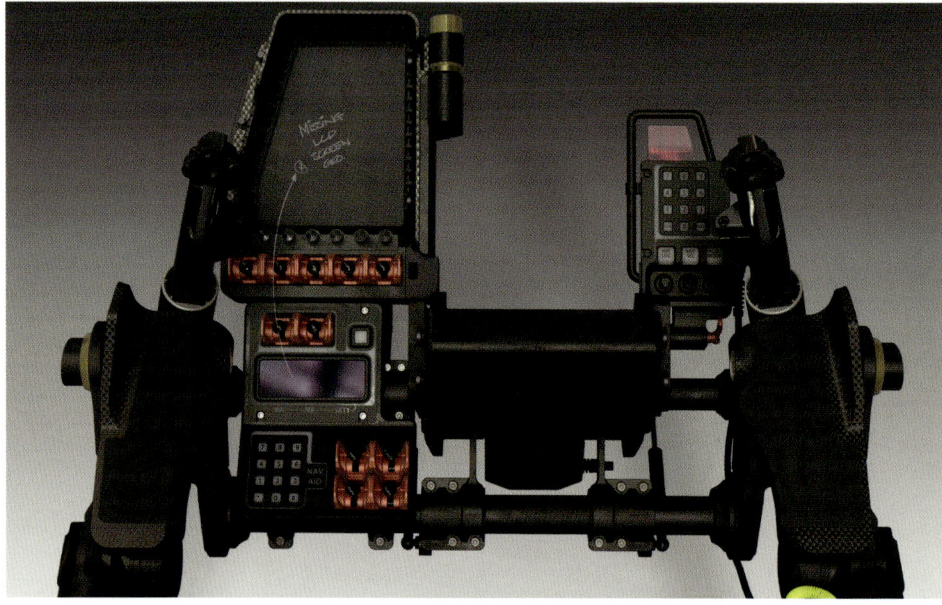

DERECHA: **Modelo del exterior del Mako** | Fausto De Martini
   y Joe Hiura

ABAJO: **Diseño conceptual del lanzamiento del sumergible** | Fausto
   De Martini

PÁGINA DOBLE SIGUIENTE: **Diseño conceptual del abordaje de un Mako**
   | Fausto De Martini

TORPEDOS DE SUMERGIBLE MAKO

Dado que los sumergibles clase Mako ofrecen apoyo en misiones de caza y captura de *tulkun*, van armados con torpedos que proyectan redes, dardos y cohetes Zuni para inmovilizar a su presa. El modo en que se emplean en el filme se basa en el concepto de cohete de propulsión subacuática, que exige velocidad y resistencia.

Procter explica: «El aspecto de esta munición no se basa en nada excepto la inspiración de tipo industrial de nuestros ilustradores, que floreció mientras refinaban la funcionalidad de los diseños. Pero las formas sencillas y mecánicas de su afilada cabeza son cruciales para comunicar sus violentos objetivos básicos».

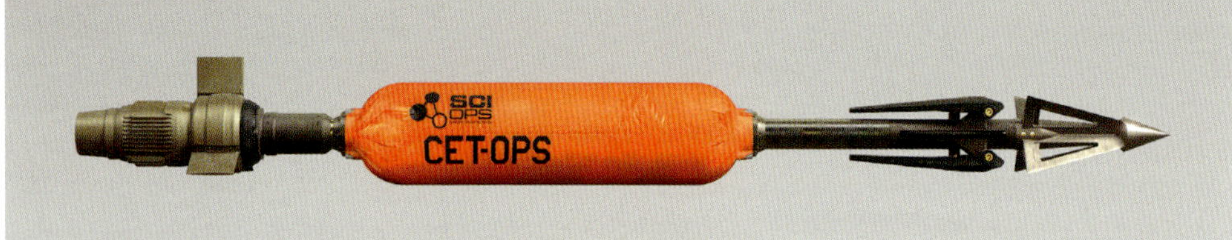

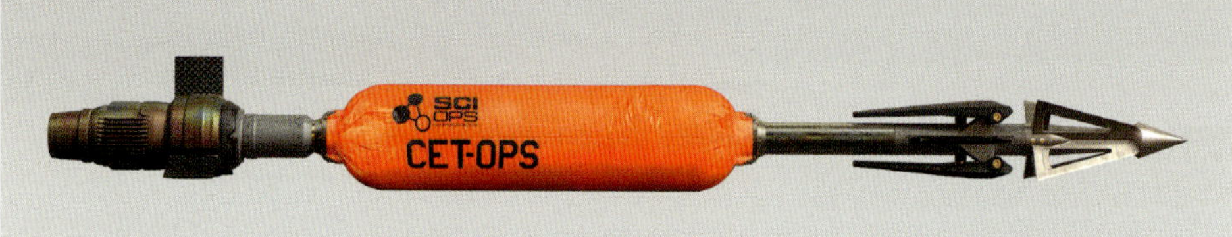

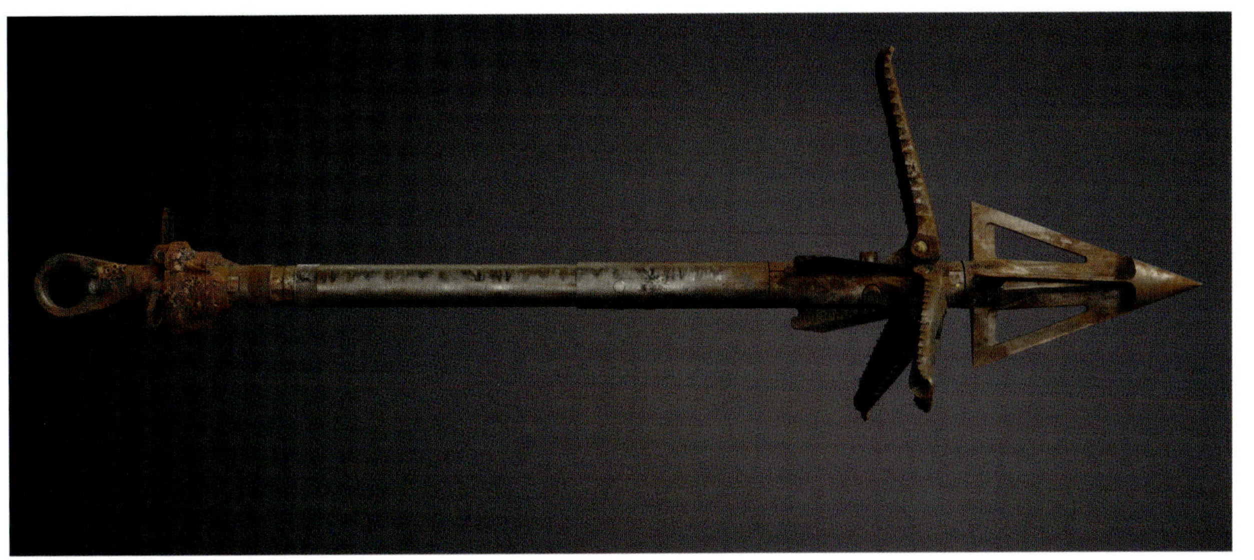

TREN MAGNÉTICO

Una secuencia de la película relevante es el ataque na'vi al tren magnético de la RDA. Ben Procter explica que sus límites para la escena eran el funcionamiento del tren magnético y su gran tamaño: «Tanto los trenes como los raíles del tren magnético duplican los tamaños estándar de los trenes de hoy en día. Para el tren miramos referencias en el mundo real, pero las adaptamos a nuestra necesidad de mostrar el espacio vacío entre vía y tren, algo que no se ve claramente en los diseños del mundo real».

Procter explica que con un diseño casi brutalista en forma y función, fueron en especial creativos con la concepción de determinados vagones: «Están los vagones de contenedores apilables (o "plataformas"), llenos de interesantes suministros para una extracción minera. O el vagón defensivo, que transporta armaduras AMP y soldados de SecOps, y posee armamento para defender el tren de cualquier ataque».

Procter continúa: «Con respecto a la zona delantera, la locomotora, es evidente que se trata de su "cara", y se dedicó particular atención a hacerla interesante y amenazadora. Desde el inicio le colocamos un enorme "botavacas" en forma de pala doble para apartar todo animal o planta que pudiera acabar sobre las vías (con cuchillas a ambos lados). No obstante, en un momento intermedio del proceso, hallé referencias de quitanieves con formas tan agresivas que incorporamos uno de ellos al diseño. Fausto De Martini realizó casi todo el trabajo de diseño de los elementos del tren magnético».

ESTA PÁGINA: Diseños para tren magnético | Fausto De Martini

PÁGINA OPUESTA, ARRIBA: Diseño conceptual del tren magnético acercándose | John Park

PÁGINA OPUESTA, ABAJO: Fotograma de explosión en el tren magnético | Steven Messing

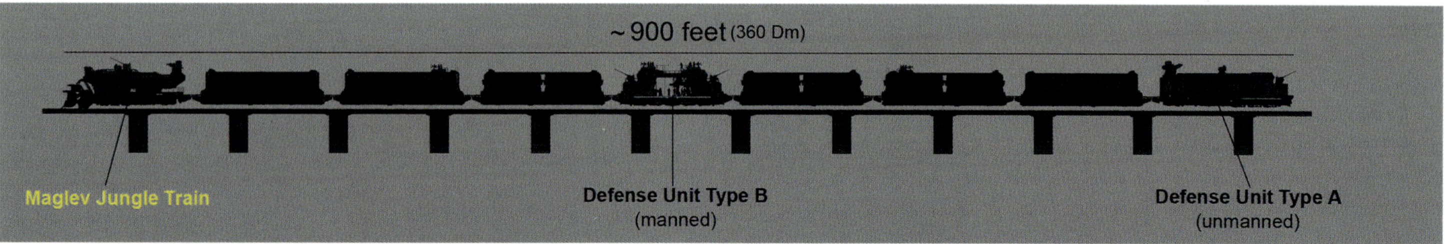

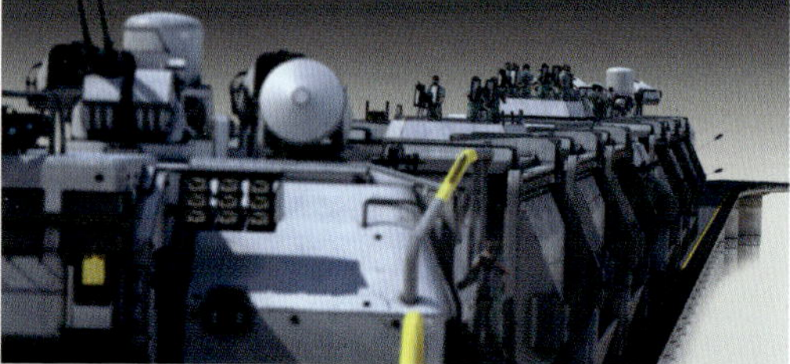

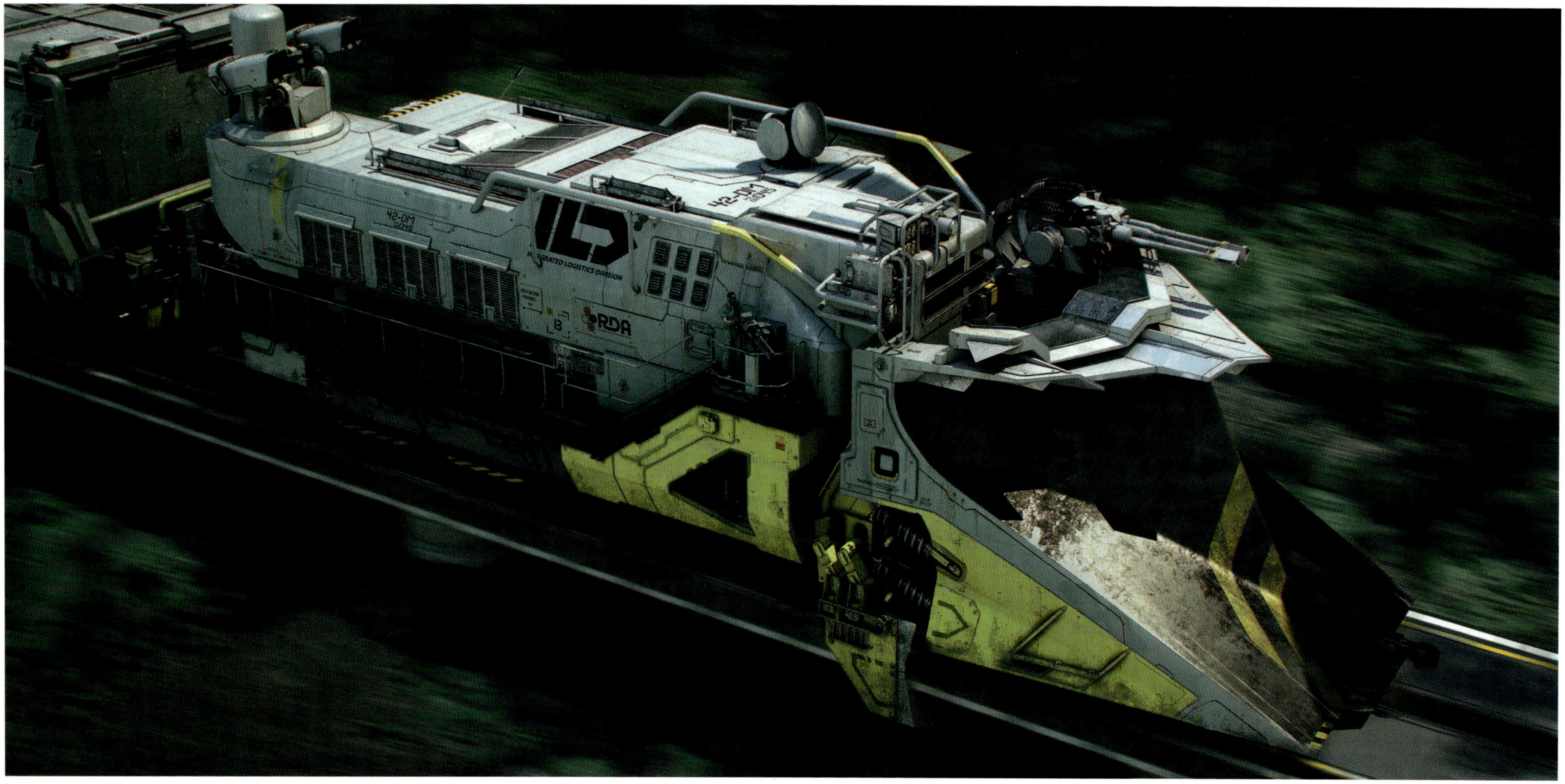

RECOM

El plan para reocupar Pandora, una de las herramientas estratégicas
de la Tierra, es el Programa Recom de la RDA. Aprovecha tecnología
del Programa Avatar para crear avatares autónomos mediante el
empleo de ADN de soldados de la RDA, como Quaritch, en lugar de
los más pasivos científicos, como Norm Spellman (Joel David Moore).

«Son como las Fuerzas Especiales –explica Deborah L. Scott, la
diseñadora de vestuario, de la inspiración para los Recom en el mundo
real–. Tienen su propia progresión, y es de suponer que empiezan de un
modo mucho más formal». No obstante, añade, era difícil imaginar que
a la hora de vestir como soldados a personas azules de 2,75 metros de
altura se veía natural y realista. «Básicamente hacíamos cosas a escala
humana, pero dado que su forma corporal era tan diferente, vestirlos
por completo creaba un problema de proporciones. Todo el mundo
intentaba escalar las cosas, preguntando cuán grande es este puñal,
o esta pistola. Es un tipo diferente de problema, porque otros trajes,
incluidos los taparrabos, valen para cualquiera». Intentando averiguar
cómo encajar los detalles, Scott y su equipo trabajaron en una estética
general, pero al final lo que solucionó el problema de los Recom fue
analizar las diferentes personalizaciones.

IZQUIERDA: Discurso de Quaritch en la sala de escuadrón, fotograma clave | Ben Procter
ARRIBA: Diseño conceptual del Recom Mansk | Wētā Workshop

«Los Recom son el puente entre los humanos y los na'vi», aclara Scott. Por eso ella y su equipo tuvieron que centrarse en reflejar las similitudes y diferencias entre ambos: «Lo que realmente definía a los soldados eran sus peinados y tatuajes, porque se trataba de constructos mucho más humanos».

Scott y el jefe de diseño de producción, Ben Procter, crearon conjuntamente diseños que cohesionaran el equipo y que encajaran con los gráficos de la RDA. «El emblema del equipo Recom tiene influencias de Stephen Lang –revela Scott–. Era su tropa, sus chicos; se metió mucho en el papel. Él dio el nombre al equipo, de modo que íbamos y veníamos con diseños en busca de su aprobación y la de Jim».

Muchos de los diseños de tatuajes de los soldados, así como otras ilustraciones similares, se creaban y presentaban a Cameron para que los aprobara. En uno de estos procesos, Cameron pidió que la Recom femenina, Zdinarsk (Alicia Bailey), exhibiese una cresta y tatuajes en color. «Volvimos sobre nuestros pasos y le dimos color, y fue una experiencia divertida –admite Scott–. En el escuadrón hay tatuajes realmente intrincados y muy bien diseñados».

Junto a los Recom hay todo un despliegue de armamento y máquinas diseñadas para ayudarles en su misión. Con respecto a ellas, la orden de Procter era que se diseñasen para toda posibilidad razonable. Explica: «Jim quiere que todo lo que se vea en pantalla tenga un aspecto totalmente real. Y en cierto modo es real. Así pues, nuestro desafío como equipo de modelado de superficies duras era sumergirnos en el futuro de la RDA. ¿Qué iba a hacer realmente? ¿Y cómo sería estar allí, rodeado de todo este equipo tremendamente caro, muy al estilo de las verdaderas industrias extractivas que hay en el mundo real?».

HUMAN SKULL

Adorned with Quaritch's treble-scar, the skull represents the death of the human soldier.

NA'VI SKULL

The Na'vi skull represents the soldier's rebirth as a more powerful warrior. The lion-like canine teeth and pointed ear denote the soldier's transformation into an alpha predator.

SNAKE QUEUE

The Na'vi skull's plaited queue morphs into a snake as it descends, a symbol of cunning and death. It also evokes the danger of the jungle environment.

MACHETE

The bushwhacking machete symbolises the Recom unit's expertise in jungle warfare.

PÁGINA OPUESTA, IZQUIERDA: **Diseño para emblema de Deja Blu** | Wëtä Workshop
PÁGINA OPUESTA, DERECHA: **Diseño conceptual del traje de Quaritch** | Wëtä Workshop

DERECHA: **Diseño conceptual de Quaritch** | Legacy Effects
ABAJO Y EXTREMO, DERECHA: **Diseño conceptual de Wainfleet** | Legacy Effects

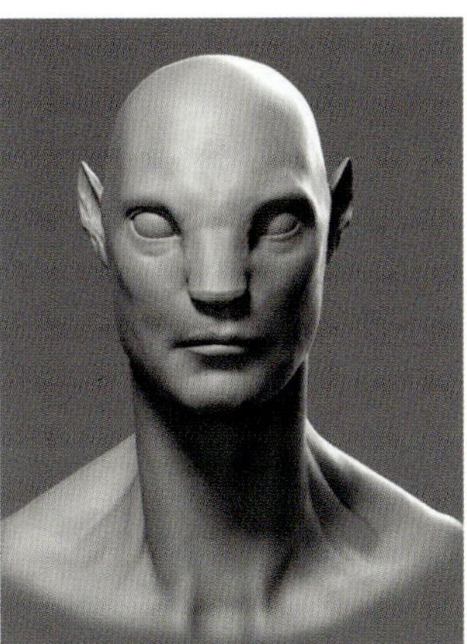

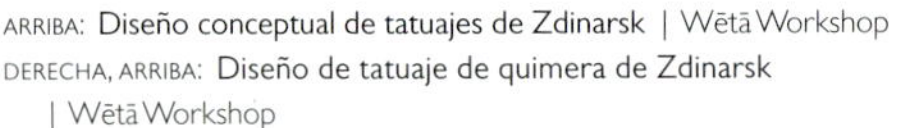

ARRIBA: Diseño conceptual de tatuajes de Zdinarsk | Wētā Workshop

DERECHA, ARRIBA: Diseño de tatuaje de quimera de Zdinarsk | Wētā Workshop

DERECHA, CENTRO: Diseño de tatuaje de águila de Zdinarsk | Wētā Workshop

DERECHA, ABAJO: Diseños de mangas izquierda y derecha de Zdinarsk | Wētā Workshop

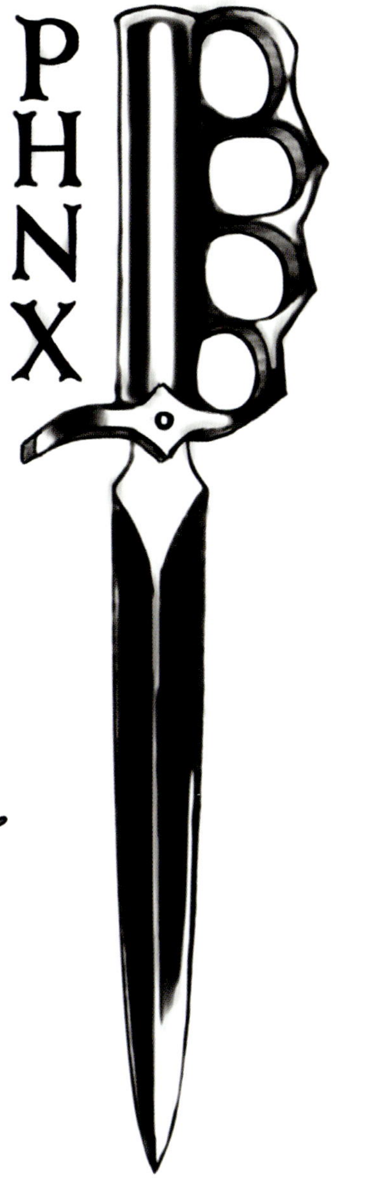

IZQUIERDA, ARRIBA: Diseño de tatuaje de pantera para Fike | Wētā Workshop

IZQUIERDA, CENTRO: Diseño de tatuaje de buitre | Wētā Workshop

IZQUIERDA, ABAJO: Diseño de tatuaje *Giddy Up* [«¡Arre!»] | Wētā Workshop

CENTRO: Diseño de tatuaje de cuchillo de trinchera | Wētā Workshop

ARRIBA: Diseño conceptual de tatuajes de Fike | Wētā Workshop

IZQUIERDA: **Diseño conceptual de soldado Recom** | Joseph C. Pepe
ARRIBA: **Diseño conceptual de Maria Walker** | Joseph C. Pepe

ARRIBA: Diseño conceptual de soldado Recom | Joseph C. Pepe
DERECHA: Diseño conceptual de Wainfleet | Joseph C. Pepe

EXOMÁSCARA/EXOEQUIPO

Si los humanos o los Recom quieren respirar en Pandora el tiempo
suficiente para explotar recursos o luchar contra los na'vi, necesitan
exoequipos, una tecnología de la RDA. Partiendo de la primera película
–con actualizaciones–, el jefe de atrezo, Brad Elliot, y el diseñador Ben
Procter colaboraron a fin de crear un contenedor más compacto con
fibras de carbono reforzadas sobre la estructura y que incluyera botellas
hiperpresurizadas de gases. «Para el contenedor, Brad propuso una serie
de rutas cromáticas, de modo que las unidades científicas, militares
y navales tuvieran colores diferentes», relata Procter.

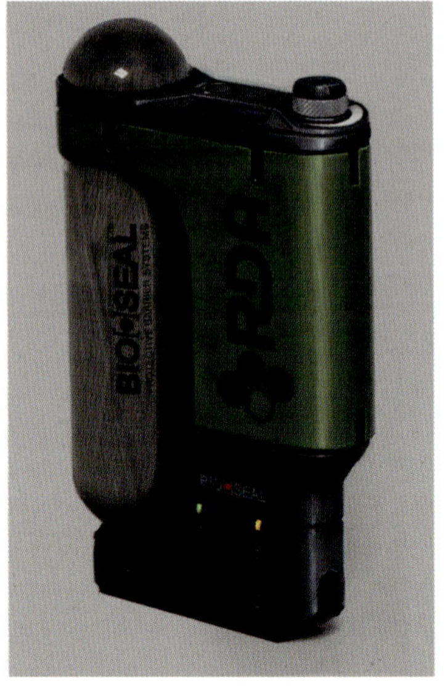
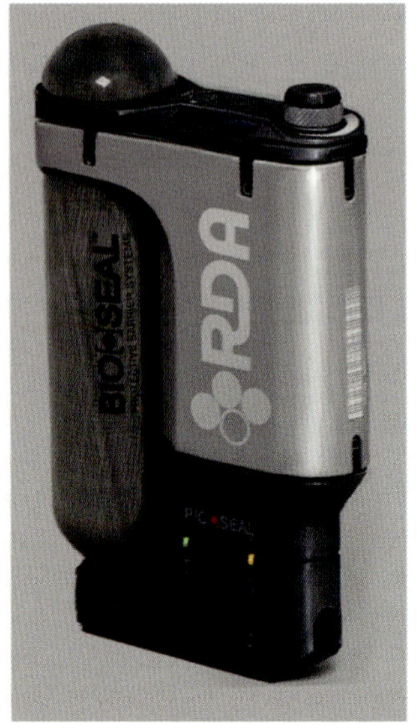

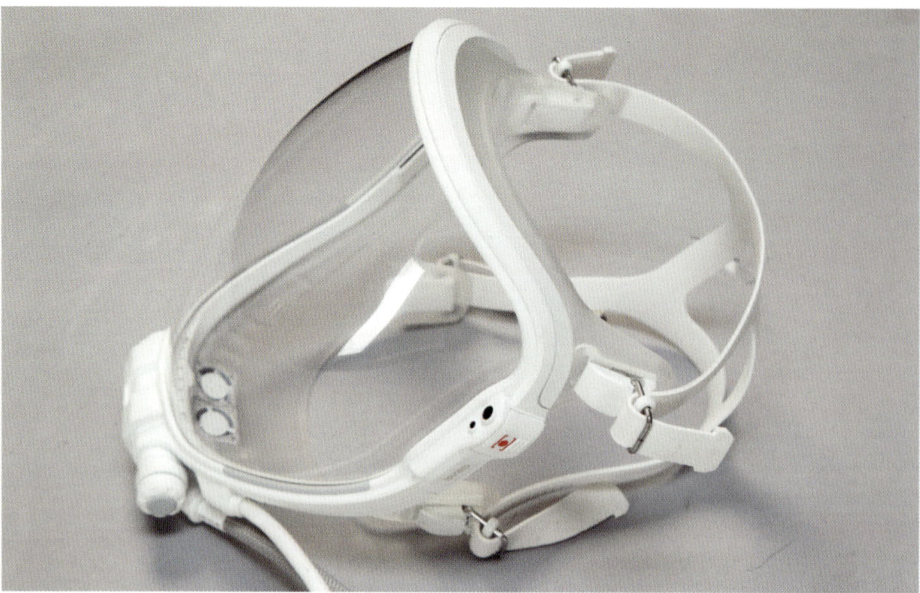

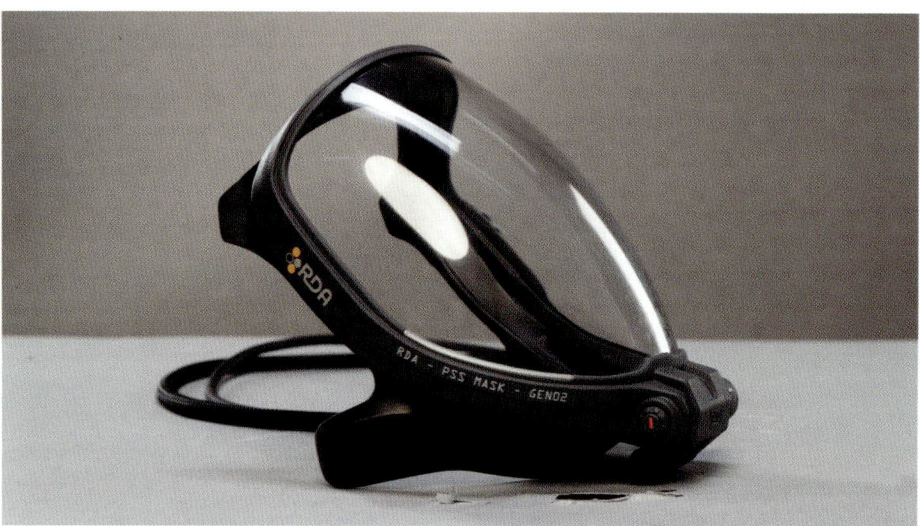

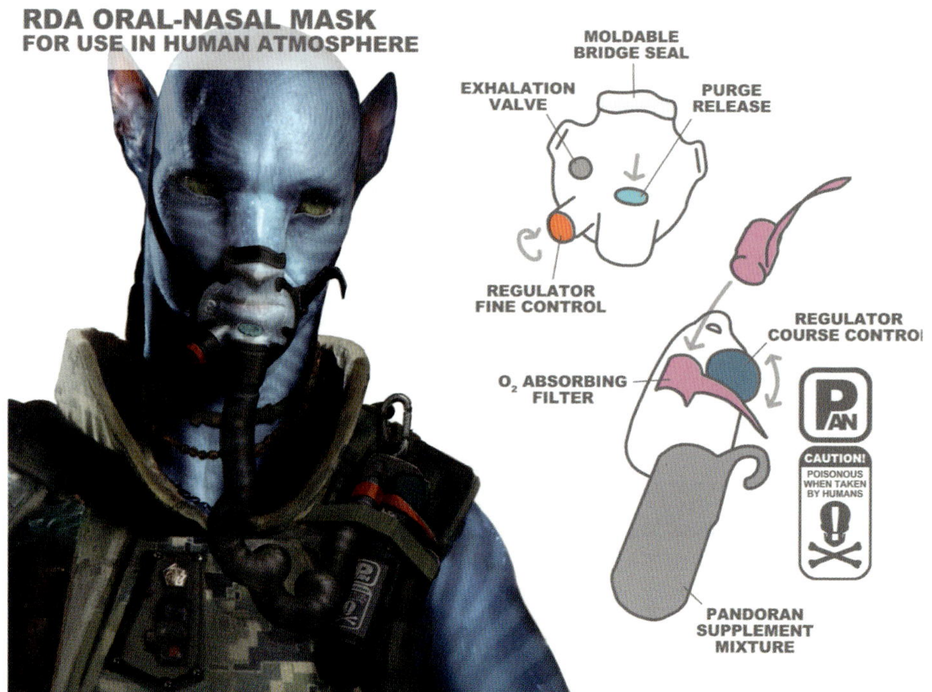

HILERA SUPERIOR: Regulador de la RDA, atrezo | Wētā Workshop
y Brad Elliott

ARRIBA: Exoequipo completo, atrezo | Wētā Workshop

DERECHA, ARRIBA: Máscara con sujeción, atrezo | Wētā Workshop

DERECHA, CENTRO: Máscara con conexión magnética, atrezo
| Wētā Workshop

DERECHA, ABAJO: Diseño para máscara buconasal | Wētā Workshop

PÁGINA OPUESTA, HILERA SUPERIOR, IZQUIERDA: Diseño conceptual de exochasis
| Wētā Workshop

PÁGINA OPUESTA, HILERA SUPERIOR, DERECHA, HILERA INFERIOR Y EXTREMO,
DERECHA: Diseños conceptuales de exochasis | Fausto De Martini

EXOCHASIS

Las órdenes de James Cameron para el exochasis eran que fuese esbelto y ágil, no un enorme «traje mecánico» para el conductor. Ben Procter añade que la escala la dictó el requerimiento de que hiciera que un ser humano fuera equivalente en altura y fuerza a un na'vi. No obstante, esas diferencias de tamaño y proporción lo convertían en un reto de diseño.

«Había una postura tipo mantis, con la articulación de los hombros por encima del chasis, que gustó mucho a Jim, y que nos ayudó a comprender que al exochasis le convenía tener proporciones no humanas y segmentos con extremidades afiladas, que en lugar del aspecto "musculado" le dieran un aspecto casi de "insecto palo"».

EXTREMO SUPERIOR: Diseño conceptual de arma | Wētā Workshop

CENTRO, IZQUIERDA: Diseño conceptual de lanzagranadas en fusil de carga bulpup | Brad Elliott

CENTRO, DERECHA: Diseño conceptual de munición del lanzagranadas | Wētā Workshop

IZQUIERDA: Diseño conceptual de la ametralladora Hydra de los Recom | Brad Elliott

PÁGINA OPUESTA, ARRIBA, IZQUIERDA: Diseño conceptual de pistola de la RDA | Wētā Workshop

PÁGINA OPUESTA, ABAJO, IZQUIERDA: Fusil de asalto para exochasis, atrezo | Wētā Workshop

PÁGINA OPUESTA, ARRIBA, DERECHA: Armas para exochasis, atrezo | Wētā Workshop

PÁGINA OPUESTA, ABAJO, DERECHA: Pistolas semiautomáticas de la RDA, atrezo | Wētā Workshop

ARMAS DE FUEGO

Se encargó a Ben Procter que diseñara la nueva generación de armas de la RDA que se verían en *A2*. Eran conscientes de que en el primer filme tenían un listón muy alto. «En un mundo cada vez más repleto de diseños influidos por *Avatar*, nos preguntamos cómo podríamos marcar la diferencia, un desafío mucho mayor».

Al mismo tiempo, James Cameron estaba muy centrado en el armamento de los Recom, fabricado a una escala diferente de la de las armas para humanos. «El nuevo diseño de pistola es la única arma que tenemos que conecta la escala de los Recom y la humana. La pistola AB-1 recordaba en exceso a un *phaser*, de modo que la actualizamos dándole un aspecto agradable, limpio y funcional. Acabamos haciéndola de ambos tamaños, y equipamos con ellas a los soldados humanos».

Procter, que tuvo asesores de las Fuerzas Especiales con respecto a sus preferencias en la práctica, dice que todas las armas de mano fueron diseñadas con la ergonomía y su uso real en mente. A modo de ejemplo, Quaritch lleva un fusil de asalto con lanzagranadas incorporado. Procter aclara: «Es un diseño especial; en realidad es una ametralladora Hydra de tres cañones. Se alimenta con cinta de munición de una mochila. Es un detalle curioso y se basa en el mundo real, en la M249, que se alimenta desde mochilas».

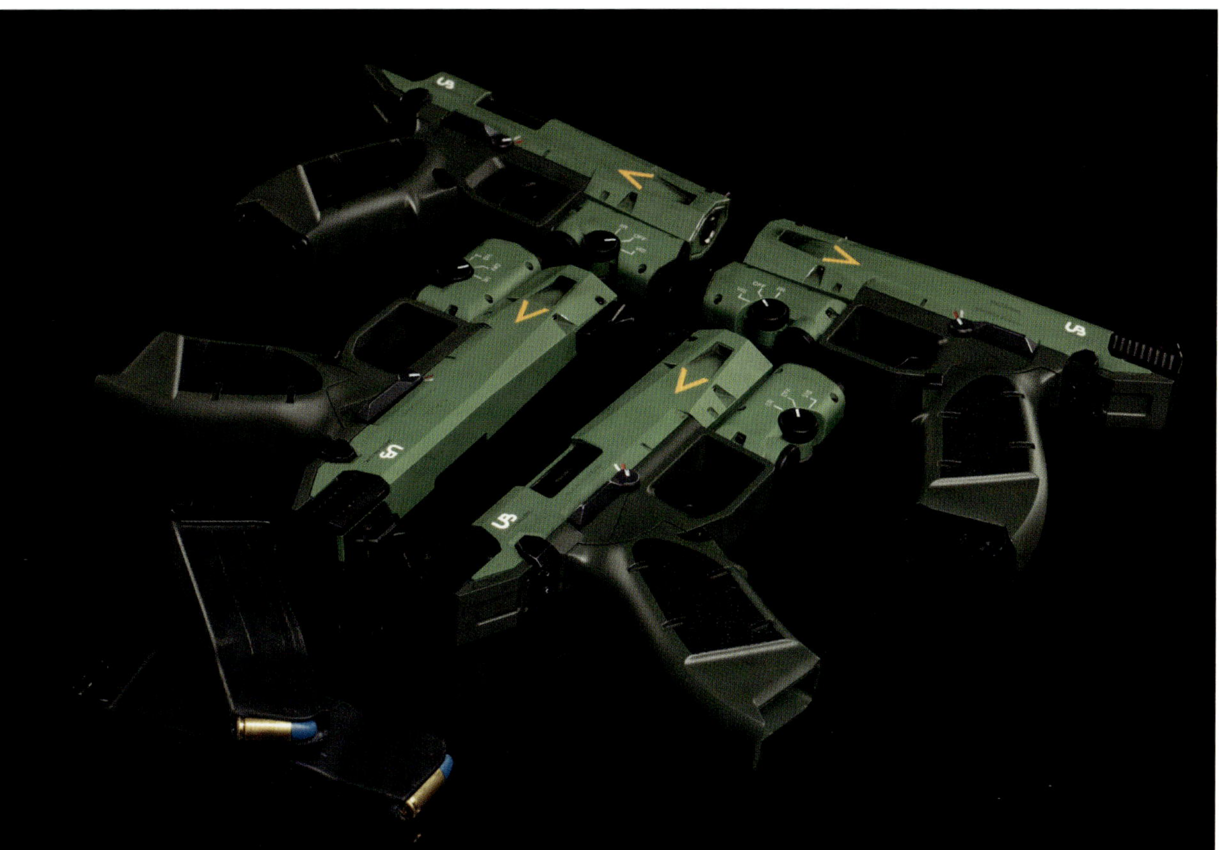

RDA
FT M3A1 06665-05 /167
IGN
224 A
WARNING!
CLOSE TANK VALVES
AND BLEED FUEL LINE
BEFORE DISENGAGING

FUEL
RDA

224 A
N
WARNING!
FUEL
N
WARNING!
FUEL

LANZALLAMAS Y LANZAGRANADAS RECOM

En las secuencias de combate, tanto los Recom como los exochasis usan lanzallamas. Ben Procter cuenta que tuvieron que configurar la movilidad del arma para dos usos diferentes. Cobraron importancia pequeños detalles, como determinar en el exochasis la mejor configuración de correa para transportar cargadores de combustible, en lugar de la más rígida mochila trasera. «Necesitábamos solventar cómo transportarían el lanzallamas, porque necesitaban tener las manos libres —explica—. No sirve de nada ir cargado con un arma que no se puede guardar, de modo que creamos una funda para el lanzallamas, lo que está genial».

El lanzagranadas es un arma militar que en sus ataques los na'vi roban a los humanos, pero deben modificarla debido a su fisiología, más esbelta y alta. Si no lo personalizan, para los na'vi (o los Recom) que lo empuñan se convierte en un juguete.

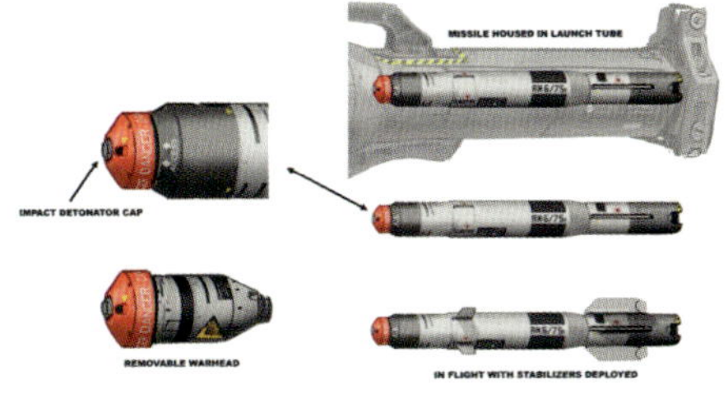

PÁGINA OPUESTA, EXTREMO, IZQUIERDA: Prager con lanzallamas | Wētā Workshop

PÁGINA OPUESTA, ARRIBA, DERECHA: Diseño conceptual de lanzallamas | Wētā Workshop

PÁGINA OPUESTA, CENTRO: Funda para lanzallamas, atrezo | Wētā Workshop

PÁGINA OPUESTA, ABAJO, DERECHA: Diseño conceptual de lanzallamas | Wētā Workshop

EXTREMO SUPERIOR: Diseño conceptual de lanzamisiles | Wētā Workshop

CENTRO: Diseño conceptual de lanzagranadas | Wētā Workshop

ARRIBA: Diseños para lanzagranadas | Wētā Workshop

DERECHA: Diseño conceptual del maletín de lanzagranadas | Wētā Workshop

CONCLUSIÓN

UN CAPÍTULO ACABA; LA HISTORIA CONTINÚA

El estreno de la primera secuela de *Avatar* constituye la culminación de años de trabajo por parte de cientos de ilustradores, técnicos y artesanos de todo el mundo, cooperando estrechamente para dar vida a la visión de James Cameron para las posteriores historias en Pandora. Es una rareza tener la oportunidad de trabajar en la construcción de un mundo a esta escala, empleando innovaciones tecnológicas y técnicas cinematográficas rompedoras. Esta experiencia ha influido profundamente en las capacidades de los jefes de diseño de producción, Dylan Cole y Ben Procter, y de la jefa de vestuario, Deborah L. Scott. A ellos y a sus equipos se les pidió que sus creaciones atendieran a forma y función, manteniendo su creatividad e imaginación en los límites de lo plausible.

Tras nueve años de ensayo y error que han dado como resultado un diseño industrial puntero, Procter dice que él y su equipo de superficies duras se enfrentaron a cada reto de diseño como ingenieros y también como narradores. Procter afirma: «Mezclar el impacto emocional, la integridad conceptual y las necesidades de cada escena en todas las facetas de nuestro trabajo ha resultado algo difícil, pero ofrecerá a los espectadores un viaje único y verosímil a otro mundo».

Debido al desafío al más alto nivel que supuso para su proceso creativo y de diseño, tanto digital como material, para Scott el trabajo en la secuela ha sido único en su carrera. «Este no ha sido un proceso lineal, sino más bien simbiótico, en el que lo mejor de los mundos textil y digital se han visto implicados en un diálogo constante –reflexiona–. A la hora de dar una vida plena al mundo de Pandora, este flujo y reflujo de lo material a lo digital ha resultado de una importancia crucial».

Cole afirma que incluso a una escala personal, esta película es la que le ha hecho avanzar más como artista en todos los aspectos de su profesión de diseñador, en especial por el rigor conceptual de diseñar para un mundo real; más ciencia que ciencia ficción. «Jim nos exigía lo mejor de nosotros mismos, y gracias a eso soy mejor diseñador –afirma Cole con gratitud–. La inspiración no solo provino de Jim, sino también de estar rodeado de algunos de los mejores ilustradores del planeta. Todos crecimos a la vez».

Del mismo modo que al final de *A2* la familia Sully resiste, los tres equipos resisten mientras continúan su trabajo para las tres secuelas, ya en producción. Pero es su obra para esta película la que pone los cimientos para la creación del increíblemente rico mundo que aún hemos de ver. Cole explica: «Al diseñarlas a la vez nos aseguramos de que eran diferentes, cada una con su carácter de las estéticas de las demás secuelas. Cuando para *A2* dimos vida a los metkayina y al arrecife, aprendimos exactamente el nivel de detalle que requerirán en las siguientes películas las demás culturas y biomas. No veo la hora de enfrentarme a ese reto, a esa oportunidad. Apenas hemos empezado a explorar Pandora».

Y con sus deseos aparece también la esperanza de que el público se inspire en la unidad de Pandora para prestar atención a nuestro propio, extraordinario planeta y a sus vulnerabilidades. Procter concluye con una reflexión que muchos comparten: «Espero que nuestra representación de Pandora y de la infiltración de la Tierra en ese mundo, en *A2* y las secuelas, no solo entretenga, sino que arroje luz sobre las inminentes opciones a las que se enfrenta la humanidad con respecto al entorno y a nuestro futuro colectivo en la Tierra».

Arte y artesanía, imaginación y función, aspiración y logro: estos equipos han conseguido llegar a todas las cumbres que les ha planteado James Cameron, y *A2* representa tan solo una parte de lo que han creado juntos, y que asombrará al público durante los próximos años.

DERECHA: Diseño conceptual de *bodysurfing con ilu* | Dylan Cole

PÁGINA DOBLE SIGUIENTE: Diseño conceptual de arrecife de tipo fractal y palmeras | Dylan Cole

PÁGINAS 248–249: Diseño conceptual de la caza de *tulkun* | David Levy

PÁGINAS 250–251: Jake y Neytiri en una playa bioluminiscente | Dylan Cole

EL CINE ES EL MEDIO colaborativo por excelencia, y el diseño cinematográfico no es una excepción. Al mismo tiempo que celebramos la obra de los artistas que figuran en este libro, deseamos agradecer con cariño a aquellos artistas no representados, pero cuya obra ha sido igualmente influyente en este cambiante tapiz de diseño. También deseamos aclarar que ninguna de las visiones creativas o de concepto llega a la pantalla sin el brillante trabajo de una familia mucho más grande de colaboradores. Desde los increíbles equipos de ilustradores y vestuario de Los Ángeles y Nueva Zelanda al esforzado equipo de Lightstorm Lab, dedicado al reino virtual, pasando por los brillantes artesanos que crearon, pintaron y vistieron físicamente tantos escenarios, atrezo y trajes, pasando por el equipo de efectos visuales, que aplicó su prodigiosa pericia para que todo ello cobre vida…, cada equipo ha dejado huella en el lienzo final de la imagen en movimiento. Con inmensa gratitud, saludamos a cada persona de este proyecto que nos ha ayudado a llevar la antorcha de la imaginación en este sorprendente viaje.

Ben Procter, Dylan Cole y Deborah L. Scott

ESTE LIBRO NO EXISTIRÍA sin el asombroso arte conceptual proporcionado por Dylan Cole, Ben Procter y Deborah L. Scott. Los tres fueron mucho más allá de su deber, enseñándome los procesos y piezas finales de sus equipos respectivos. No solo ha sido un honor increíble, sino profundamente apreciado, dado que los tres siguen trabajando en las siguientes entregas. También tuvieron tiempo para ayudarme a dar forma final al libro, algo que va mucho más allá de su deber, pero que es un indicador perfecto de la pasión que sienten por la película y por los artistas que trabajaron con ellos para darle vida. Quiero agradecer también a Hana Scott-Suhrstedt y a Shealyn Biron por sus historias y su trabajo de cotejado en los equipos de vestuario. En Lightstorm, a James Cameron y a Jon Landau por sus videoconferencias desde Nueva Zelanda guiándome por *A2* y por sus explicaciones del proceso creativo para desarrollar la estética de la película. A Josh Izzo por su infatigable apoyo y guía en todo lo relativo a dar forma a este libro. A sir Richard Taylor, de Wētā Workshop, por su tiempo, y a Ri Streeter por su planificación. A Nicole Spiegel, de Disney Publishing, por su apoyo logístico. A Jan Hughes y Rob Dolgaard, de Cameron Books, por arrastrarse por las trincheras codo con codo conmigo para conseguir la mejor configuración de impresión. Y a Iain Morris por su supervisión de diseño. A Matt Jones y Emma Grange, de DK Books, por sus notas y su entusiasmo para hacer el mejor libro posible. Y a escala personal, a Paul, por ser siempre mi mejor junta creativa realista y mi infatigable animador. Os veo, por siempre.

Tara Bennett

PÁGINA OPUESTA: Diseño conceptual de Lo'ak bajo el agua | Dylan Cole

ABAJO: Diseño conceptual del Dragón Marino | Jonathan Berube

Edición sénior Matt Jones
Edición de arte de proyecto Jon Hall
Producción editorial Marc Staples
Coordinación de producción Mary Slater
Coordinación editorial Emma Grange
Coordinación editorial de arte Vicky Short
Dirección de publicaciones Mark Searle

**Una producción de DK para CAMERON + COMPANY,
UNA DIVISIÓN DE ABRAMS**
149 Kentucky Street, Petaluma, CA 94952
Dirección de publicaciones Chris Gruener
Dirección creativa Iain R. Morris
Diseño Rob Dolgaard
Coordinación editorial Jan Hughes
Edición Krista Keplinger

De la edición en español
Coordinación editorial Cristina Sánchez Bustamante
Asistencia editorial y producción Malwina Zagawa

Publicado originalmente en Gran Bretaña en 2022 por Dorling Kindersley Limited
DK, One Embassy Gardens, 8 Viaduct Gardens, London SW11 7BW

Parte de Penguin Random House

Diseño de página de Dorling Kindersley Limited

Título original: *The Art of Avatar: The Way of Water*

Primera edición 2023

Traducción en español 2023 Dorling Kindersley Limited

Servicios editoriales: deleatur, s.l.
Traducción: Joan Andreano Weyland

ISBN 978-0-7440-8493-1

Impreso y encuadernado en China

Para mentes curiosas
www.dkespañol.com

DERECHA: Tonowari y Ronal en una ceremonia funeraria | Dylan Cole

PÁGINA 256: Diseño conceptual de Tonowari con guerreros metkayina | Wëtä Workshop
CUBIERTA FRONTAL: Lo'ak y Payakan en los Tres Hermanos | Dylan Cole
CONTRACUBIERTA: Kiri y su *ilu*, juntos | Dylan Cole